Christa Meves und Dieter Günter

Schulnöte

vorbeugen und abhelfen

VERLAG RESCH

1. Auflage 1996
© 1996 Dr. Ingo Resch GmbH
D-82166 Gräfelfing, Maria-Eich-Str. 77
Alle Rechte vorbehalten
Umschlag: Kirchhofer Werbeagentur, Basel
Satz: Filmsatz Schröter GmbH, München
Druck/Bindung: Wagner, Nördlingen
Printed in Germany
ISBN 3-930039-52-4

Inhalt

Christa Meves
Seelisch bedingte Schulnöte
Ursachen, Auswirkungen Hilfen

Dieter Günter
Fragen um die Schule
aus der Sicht des Lehrers

Christa Meves
Bessere Schule ist möglich

Vorwort

Die „Schulnöte" wurden erstmals im Jahre 1969 verlegt. Damals bereits erschien es voraussehbar, daß wir einer Bildungskatastrophe entgegengehen würden, die bald darauf in der Tat eintrat: eine Bildungskatastrophe durch absinkende Leistungsfähigkeit bei einer großen Zahl von Kindern, die oft bereits seelisch und geistig behindert ihre Schullaufbahn antreten. Die „Schulnöte" waren der Versuch einer einzelnen Kinder- und Jugendlichenpsychotherapeutin, doch wenigstens einigen zu helfen, selbst wenn die Katastrophe bestimmt nicht verhindert werden konnte. Sie sollten wachgerüttelt werden, damit wenigstens einige dem Unglück mit ihren Kindern rechtzeitig vorbeugen können. Damals schon wollten *jene*, die in der Bundesrepublik Deutschland die Verantwortung trugen, nicht sehen, was auf sie zukommt. Heute ist die Szene zum Teil verändert. Die Schwierigkeiten sind da, sie sind jedem sichtbar, und deshalb sind auch viele Betroffene besorgt und bemüht. Viele haben die Warnungen auch verstanden und schildern uns, wie sich das auswirkt. Andere – und damit erweisen sie sich als Ideologen – sind immer noch nicht bereit, die sehr massiv sichtbar werdende, höchst bedenkliche Schulrealität wahrzunehmen. Für sie gilt der Satz Morgensterns „Und so schließt man messerscharf, daß nicht sein kann"... was nicht ins (irreale, ideologische) Konzept paßt. Wir können uns aber auf kollektiver Ebene das Vorherrschen einer solchen Haltung nicht mehr lange leisten, wenn wir Zukunft haben wollen. Gemeinsam mit dem versierten Schulmann, Dr. Dieter Günter, habe ich mich deshalb zu einer Aktualisierung der Schrift entschlossen, deren neuerliche Herausgabe der Resch-Verlag dankenswerterweise übernommen hat. Vielleicht vermag mein Schulnötebuch, das eine kleine Neurosenlehre und eine kritische Bestandsaufnahme der derzeitigen Schulsituation und Vorschläge zur Verbesserung der seelischen und schulischen Lage unserer Kinder enthält, doch mitzuwirken, daß man allerorten aufwacht, ehe es zu spät ist. Die große Akzeptanz, die dieses Buch bisher fand, läßt eine solche Erwartung als nicht unberechtigt erscheinen.

Uelzen, im Mai 1996   *Christa Meves*
                                                    Dieter Günter

Christa Meves

Seelisch bedingte Schulnöte, Ursachen, Auswirkungen, Hilfen

I.
Arbeitsstörung und Charakterstrukturen

Wenn in heutiger Zeit Schulkinder psychologisch untersucht werden, kommt es immer wieder zu der verblüffenden Feststellung, daß eine große Zahl seelische Störungen aufweist, ein alarmierender Befund, der die Erwachsenen, die mit Kindern umzugehen haben – als Lehrer, Eltern, als soziale Betreuer – zwingt, sich mit solch einer Nachricht auseinanderzusetzen. Dies können wir auf verschiedene Weise tun. Wir können sagen: Ach, das sind diese Psychologen, was die alles herausfinden, hat es zu unserer Zeit glücklicherweise nicht gegeben! Schlimm waren wir häufig auch, haben den Lehrern manchen Streich gespielt und gegen väterliche Befehle und mütterlichen Willen ganz fein in der Stille unseren eigenen Willen durchgesetzt, haben doch auch als Kinder manche Unbill und manches Unrecht erleiden müssen...! Und seht nur, was für tüchtige Leute sind wir dann schließlich doch geworden. Was also soll dieser Unfug mit der gefährdeten Jugend! Laßt uns nur unbekümmert weiter erziehen, wie der Augenblick es ergibt.

Das ist ein Standpunkt. Er beruft sich auf den „gesunden Menschenverstand", auf den „unbefangenen Instinkt", auf die „reine Intuition" oder wie man es immer bezeichnen mag. Er ist prächtig, ja verlockend, denn er läßt das Unbehagen draußen, er macht fröhlich, unbekümmert und handlungsfreudig. Aber er unterstellt, daß der sogenannte „gesunde Menschenverstand" ein gegen alle Trübungen und Irrtümer gefeites „Ding an sich" sei. Mit dem Postulat des „gesunden Menschenverstandes" ist aber aller subjektiven Stimmung, Laune und allem Temperament Tür und Tor geöffnet. Wir können je nach Belieben erziehen und brauchen nicht darüber nachzudenken, ob uns vielleicht auch einmal ein Fehler unterlaufen könnte, der sich revidieren ließe. Und es ist die Frage, ob wir uns solch einen Standpunkt, im rechten Hinsehen auf unsere Situation noch leisten können, oder ob es nicht sinnreicher wäre, einer Schwierigkeit ins Auge zu sehen als ihr auszuweichen, bis sie zu einer drohenden Gefahr geworden ist.

Alle unbekümmerte Handlungsfreudigkeit, alle natürliche, unbewußte Spontaneität hat ihre Begrenzung. Saint-Exupéry, der französische Dichter, hat uns das sehr einprägsam im „Kleinen Prinzen" geschildert: Das Flugzeug, dieser Gegenstand unbekümmerter Handlungsfreude, geht kaputt – und erst in der Not, in der Wüste trifft er auf die Fülle der Erkenntnisse in der Gestalt des „kleinen Prinzen". Und um im Bilde zu bleiben: Das Flugzeug unserer spontanen Erziehung bockt und klappert schon in allen Fugen. Es ist Zeit, daß wir eine Notlandung vornehmen, wenn wir einen Absturz vermeiden wollen. Sehen wir also getrost – auch wenn das ziemlich unbequem ist – einmal etwas genauer hin. Was für Erscheinungen sind es denn, die die Psychologen von seelischen Störungen und Fehlhaltungen bei Schulkindern sprechen lassen? Welche Anzeichen erkennen sie denn, die sie dazu bewegen, auf einen seelischen Schaden zu schließen? Da ist nun eine Fülle höchst merkwürdiger, unangenehmer Erscheinungen: Nägelkauen und Daumenlutschen, Bettnässen und Stottern, Bewegungsunruhe und vorlaute Prahlerei, Lügen und Stehlen, Gewalttätigkeiten und die Schwierigkeit, sich in der Gruppe einzuordnen, überhaupt das Unvermögen, sich am Schulbetrieb erfolgreich zu beteiligen; Konzentrationsschwäche, Trägheit, Mangel an Ausdauer und eine verheerende Flüchtigkeit sollen vor allem daran schuld sein.

Aber müssen wir denn das wirklich so ernst nehmen? Gab es nicht immer schon Faulheit und Dummheit, und zeigt es sich nicht immer wieder, daß – wartet man nur lange genug – die Rechtschreibung und das Kopfrechnen auch für die sogenannten „Spätentwickler" doch noch erlernbare Kulturtechniken sind – daß aus den ungezogenen Kindern doch noch angepaßte Erwachsene werden – daß Stottern, Bettnässen und Nägelkauen eines Tages von selbst aufgegeben werden? Was also soll das Unken? Offenbar handelt es sich hier um vorübergehende Entwicklungsschwierigkeiten, die durchaus normal sind und die lediglich heutzutage, wo ohnehin alles unnötig aufgebauscht wird, reichlich stark betont werden. Wir müssen uns also fragen: Ist das wirklich so? Hören die Schwierigkeiten wirklich auf, und handelt es sich wirklich nur um *einige* Faule, Dumme und Spätentwickler?

Ich meine: Daß es sich nicht um einige individuelle Sonderprobleme handelt, läßt sich schon daraus erkennen, daß in unserem gesamten Erziehungswesen eine merkwürdige Tendenz zur allgemeinen Verlängerung entstanden ist: Das 13. Schuljahr der Oberschulen, das 9. der Hauptschulen, die Verlängerung der Berufsausbildungszeiten und – was für unser Thema am interessantesten ist: die häufige Verlängerung der Vorschulzeit. Viele Kinder werden heute auf Wunsch der Eltern oder auf Anraten des Schularztes oder des Schulleiters verspätet eingeschult, weil man mit Recht das Empfinden hat, daß sie noch zu verspielt, noch zu zappelig, noch zu unbesonnen seien, um dem Unterricht folgen zu können. Und das alles trotz eines blühenden körperlichen Allgemeinzustandes, der das Längenwachstum beschleunigt und die geschlechtliche Reife verfrüht, so daß die Kinder, kaum der Grundschule entwachsen, in die Pubertät eintreten. Die geistig-seelische Entwicklung bleibt zurück – die körperliche beschleunigt sich. Eine Lücke beginnt zu klaffen; doch durch sie fällt Licht auf das Wesen des Problems. Denn diesen guten körperlichen Allgemeinzustand verdanken wir den Fortschritten in der Ernährungsforschung, der Medizin, der Körperhygiene, dem allgemeinen materiellen Wohlstand in unserem Sozialstaat. Die Verlangsamung unserer seelisch-geistigen Entwicklung verdanken wir ebenso einer grotesken Rückständigkeit auf dem Gebiet der Psychohygiene, obgleich die Voraussetzungen, die psychologischen Erkenntnisse, dazu schon vorhanden sind.

Denn – das wissen wir heute längst – die seelisch-geistige Entwicklung eines Menschen verlangsamt sich in dem Maße, in dem das Durchschreiten lebensnotwendiger Entwicklungsphasen behindert wird. Seelische Kräfte, die bei der inneren Weiterentwicklung dringend benötigt werden, bleiben auf frühen Entwicklungsstufen zurück, wenn diese nicht zu einem befriedigenden Abschluß gelangt sind, genauso, wie eine Armee immer mehr an Kraft verliert, wenn sie auf dem Vormarsch viele anhaltende Kämpfe durchzustehen hat, so daß nur kleine Teile weitergeschickt und für neue Aufgaben eingesetzt werden können. Da diese Schwierigkeiten aber nicht erkannt werden, wird ihnen nicht angemessen Rechnung getragen und dem Kind selten genug die Möglichkeit zum Nachreifen eingeräumt.

Ich möchte damit sagen: Jene Symptome, das Nägelkauen, die Sprachstörung, die Schulschwierigkeiten – sie sind Warnsignale, Notraketen. Sie verlöschen wieder, wie hochsprühende Hilferufe. Aber das ist nicht der geringste Beweis dafür, daß die Gefahr gebannt ist. Erst in der großen Auseinandersetzung mit dem Leben erweist es sich, ob der Lebensplan gesund und fest genug fundiert ist. Was früher nur ein wenig diebisch war, zeigt sich jetzt als unwiderstehlicher Stehldrang, was früher nur ein wenig Gesichtszucken war, erweist sich jetzt als Neigung zu jähem Zorn, was früher nur ein wenig Schulschwierigkeit war, zeigt sich plötzlich und unter einer besonderen Belastung als gänzliche Erschlaffung und als Unvermögen, geregelter Arbeit nachzugehen.

Die allgemeine Verlangsamung der seelisch-geistigen Entwicklung ist also keineswegs ein gutes und gesundes Zeichen, sondern weist lediglich darauf hin, daß lebensnotwendige seelische Energie kräfteverschleißend zurückbleibt. In dieser Situation befinden wir uns – und wollen wir dem Dilemma entfliehen, so bleibt uns nichts übrig, als uns mit den Erkenntnissen vertraut zu machen, die auf dem Gebiete der Psychologie in unserem Jahrhundert gewonnen wurden. Wir müssen die Erscheinungsformen seelischer Fehlhaltungen kennen und ihre Entstehungsgeschichte, um daraus Möglichkeiten für ein gesundes Vorbeugen ziehen zu können. Die Arbeitsstörungen bei Kindern und Jugendlichen sollen dabei als Modell dienen.

Es ist heute immer noch weitgehend unbekannt, daß die Fähigkeit zu lernen keine allein von den Gehirnwindungen abhängige Größe ist. Die Möglichkeit, einen Lernakt zu vollziehen, ist von vielen seelischen Bedingungen abhängig. Ohne eine innere Bereitschaft zur Willensanstrengung und inneren Sammlung – sprich Konzentration –, ohne Geduld und Durchhaltevermögen, wird ein Lernschritt unzulänglich bleiben. Ohne eine einigermaßen entspannte Gefühls- und Stimmungslage und eine ebensolche äußere Situation pflegt das Leistungsniveau vermindert zu werden. Ohne diese Voraussetzungen kann die Leistungsmöglichkeit nicht voll zum Ausdruck kommen. Kein Lehrer wird die Vorstellung hegen, daß in einer Klasse, in der disziplinlose Unruhe herrscht, Lernmöglichkeit besteht. Auch die vollkommenste pädagogische Methode muß zum Scheitern verdammt sein, wenn sie nicht in die Leere und Stille lernbereiter Aufnahmewilligkeit fällt. Viele der Kinder heute bringen aber die ausgeglichene Ruhe und Leere der Anfangssituation gar nicht mehr mit in die Schule. Aus vielfältigen Gründen wird ihre Lernbereitschaft überkreuzt und verdeckt von einer gespannten, ja häufig konfusen Gefühlslage, von einer gelangweilten Interesselosigkeit, die dennoch gespannt geladen ist. Geladen von einer diffusen, ungerichteten und nicht faßbaren Zerfahrenheit, die das Unterrichten heute zu mühevoller Schwerarbeit macht. Und in nichts zeigt sich diese unheilvolle Unruhe deutlicher als in der allgemein immer schlechter werdenden Handschrift, die das innere Zustandsbild der kleinen Schreiber im Schulheft zum Ausdruck bringt. Das Unvermögen zu einem guten Leistungsniveau kann also durch innere oder äußere Schwierigkeiten bedingt sein. Diese Arbeitsstörungen haben ein jeweils verschiedenes, bestimmtes Gesicht, sie haben gewisse, gesetzmäßig gleiche Entstehungsbedingungen und eine Beziehung zu verschiedenen Charakterstrukturen, die sich allmählich ausbilden. Jede der Leistungshemmungen ist nämlich *ein* Ausdruck einer jeweils verschiedenen fundamentalen seelischen Grundstörung, die jene Unruhe im Gesamtgefüge der Person hervorruft.

„Der Mensch ist gesund, wenn er lieben und arbeiten kann", hat Sigmund Freud, der Vater der Tiefenpsychologie, einmal gesagt. Wie seelisch bedingtes Nichtarbeitenkönnen aussieht und was sich später daraus entwickelt, möchte ich am Beispiel verschiedener Schulkinder klarmachen. Im 2. Kapitel soll dann eine Analyse dieser Zustandsbilder und Entwicklungslinien erfolgen.

Bevor wir aber damit beginnen, muß ich noch auf die Grenzen unseres Themas – der seelisch bedingten Arbeitsstörung – hinweisen: Ein Kind kann in der Schule versagen, weil es in seiner seelischen Entwicklung eine Störung erlitten hat, obgleich es intelligent genug wäre, den Anforderungen seiner Altersstufe zu genügen. Ein Kind kann aber auch heute immer noch in der Schule versagen, weil es für das durchschnittliche Niveau seiner Altersgenossen nicht intelligent genug ist. Es gibt auch heute noch – wie zu allen Zeiten – angeborenen Schwachsinn, angeborene oder erworbene Hirnschädigungen. Der Intelligenzmangel und der Intelligenzdefekt sind aber etwas gänzlich anderes als die seelisch bedingte Intelligenzhemmung. Sie mögen für den Laien vielleicht einmal ähnlich erscheinen, und es muß dann Spezialuntersuchungen überlassen werden, hier klar zu unterscheiden. Die Tatsache aber, daß es seelisch bedingte Intelligenzhemmungen gibt, ja, daß sie heute so allgemein sind, daß daraus eine allgemeine Entwicklungsverlangsamung resultiert, ruft unsere Verantwortlichkeit als Erzieher auf den Plan. Wir können uns ihr nicht dadurch entziehen und uns damit entschuldigen, daß die Kinder heute dümmer oder schlechter oder von Natur mißraten seien. In welchem Grad und in welchem Maß Kinder versagen, hängt in sehr vielen Fällen eben nicht allein von ihren gewiß bereits sehr unterschiedlichen Anlagen ab, sondern auch von den Einwirkungen ihrer Umgebung.

1. Leistungsstörung durch Uninteressiertheit – Der Fall Peter

Als ich vor Jahren aushilfsweise ein erstes Schuljahr unterrichtete, fiel mir schon nach wenigen Stunden ein Junge auf, der meist unbewegt, ein wenig scheu und gedrückt in seiner Bank saß. Er meldete sich nie und tat weder nach rechts noch nach links seinen Mund auf. In der Pause stand er einsam und verweht auf dem Schulhof. Er war mühsam in seinen Bewegungen und wurde von den Kindern deswegen häufig verlacht und angerempelt. Bei den Arbeiten beugte er seinen Kopf so tief auf das Heft, daß die Nase es fast berührte, und in den Schulstunden saß er meist mit halbgeschlossenen Augen auf seinem Platz, ohne wirklich am Unterricht teilzunehmen. Nach dem Unterricht kramte das Kind noch lange in seinem Ranzen und konnte nur zögernd, nach manchem Zureden endlich als letzter die Klasse verlassen. Einmal, als ich wieder, wie so oft, darauf wartete, daß der kleine Peter fertig sei, fragte ich ihn, ob er Lust habe, mich zu begleiten und mir beim Taschetragen zu helfen.

Er nickte zögernd mit gesenktem Kopf, ohne mich anzublicken und ohne ein Anzeichen von Freude zu bekunden. Auch während des Weges blieb der wortkarg – aber wie ein abgerichteter Hund stand er von diesem Tage an ungebeten und stumm mit meiner Tasche in der Hand und wartete auf unseren gemeinsamen Abmarsch. Einmal nahm ich ihn während eines Regengusses mit ins Haus und erlebte dort nun zu meiner gänzlichen Überraschung, daß das Kind wie ein Wasserfall zu sprechen begann – ohne Punkt und Komma, aber voller Intelligenz –, wobei es mit weitaufgerissenen Augen ganz nahe an mich herantrat und mich mit schaumigem Zungenschlag im Eifer der Rede mit Speichel übersprühte. Erst nach manchem Bitten konnte ich das Kind schließlich zum Aufbruch bewegen. Peter schien ein typisches Sonderschulkind zu sein, und erst viele Umwege und eine langanhaltende Betreuung in einer Erziehungsberatungsstelle haben es schließlich erreichen können, daß das Interesse am Lernstoff erwachte und seine sensible hohe Intelligenz zur Entfaltung gebracht wurde.

2. Uninteressiertheit am Lernstoff und neurotische Kontaktschwäche

In dieser Verhaltensweise zeigt sich eine typische Form psychischer Arbeitsstörung: das Unvermögen, sich zu interessieren. Der angebotene Lernstoff bleibt für solche Kinder fremd, weil sie weder neugierig noch wissensdurstig sein können, da ihnen die Dinge ohne Farbe bleiben und nichts bedeuten. Sie finden keinen Kontakt zu den Kameraden und sind von tölpelhafter Umständlichkeit, die sie gegenüber Gleichaltrigen rasch ins Hintertreffen bringt. Wie Schmetterlingspuppen in ihren Kokons haben sie sich in eine Hülle versponnen, und nur gelegentlich entdeckt man ein mühsames Leben durch all die Schleier.

Und in derselben kleinen Person dann dieser verblüffende Gegensatz: eine übersteigerte Anhänglichkeit und eine Distanzlosigkeit, die nur auf die massivste Abwehr zu reagieren scheint. So sehen Kinder aus, die später häufig eine ganz bestimmte Charakterstruktur aufweisen, die wir als schizoide Struktur bezeichnen. Fritz Riemann* hat die Verhaltensweise solcher Menschen genau beschrieben: Schizoide Erwachsene sind häufig sehr zurückgezogene Menschen, die ihre tiefgreifende Kontaktstörung gelegentlich mit exzentrischen Neigungen zu überdecken versuchen. Von sich aus sind sie gar nicht in der Lage, sich in freundschaftlicher Beziehung mit langsamer Stetigkeit aufzuschließen. Es ergreift sie vielmehr bei solchen Angeboten von Freundschaft und Vertrauen Angst, als könnte ihnen etwas genommen werden dadurch, daß sie Vertrauen schenken. – „Lieben heißt, allein sein",* hat Rilke gesagt und damit das Wesen der Liebe, nämlich die Hinwendung zum anderen, ins Gegenteil verbogen. Diese Angst vor dem anderen, dieses Mißtrauen, unter dem sie selbst leiden, verlegen sie – gewissermaßen als Schuldentlastung – in den anderen hinein, werfen ihm Zudringlichkeit, Neugier und Taktlosigkeit vor und zerstören sehr schnell die Beziehung, indem sie heimlich Prüfungen der Freundschaftstiefe anstellen. Mit solchen Manövern geraten sie zunehmend mehr in Isoliertheit, Einsamkeit und häufig griesgrämige Enttäuschtheit, die nur gelegentlich einmal – ähnlich wie bei dem kleinen Peter – in Handlungen abnormer und überraschender Taktlosigkeit, Anhänglichkeit, Neugier und Distanzlosigkeit durchbrochen wird. Solche Menschen sind nicht nur überempfindlich gegen die Eindrücke des realen Menschenlebens, sondern es fehlt ihnen auch die Fähigkeit zur versöhnenden inneren Verarbeitung dieser Eindrücke. Sie können im geselligen Verkehr oft nicht den geringsten Spaß verste-

---

* Fritz Riemann, Grundformen der Angst, München 1975, S. 20 ff

hen. Sie mißtrauen den zufälligsten Bemerkungen und können sich durch ein kleines Lächeln in ihrem Heiligsten verunehrt fühlen. So schwanken ihre hochgespannten, idealistisch-schwebenden Begriffe von geselligem Verkehr beständig zwischen den Ekstasen eines schwärmerischen Freundschaftskultes und mutlosester Ermattung hin und her. Sie sind gezeichnet durch ein Gefühl von Fremdheit und Angst gegenüber der Wirklichkeit.

Die gelangweilte Interesselosigkeit, die wir in solchen Fällen häufig in der Schulzeit beobachten, kann entweder bis zur Tölpelhaftigkeit und Verschrobenheit weiterentwickelt werden, oder es gelingt, mit einer exzentrischen Neigung, einem plötzlich entdeckten Intellektualismus, der Gabe zu malen, zu dichten oder einer Leidenschaft für eine „alternative" Lebensform die Lücke zum Erleben zuzudecken. So kommt es bei schizoiden Menschen häufig einmal zu außerordentlich erschütternden Aussagen ihrer Not: „Und wenn der Mensch in seiner Qual verstummt, gab mir ein Gott, zu sagen, was ich leide", läßt Goethe Tasso sagen. In all diesen Verhaltensweisen fehlt ein verbindendes Zwischenstück. Das Verhalten klafft in zwei Extremen auseinander, wirkt wie in zwei Pole getrennt, wie gespalten. Im Erleben dieser Menschen befindet sich offenbar eine zentrale Lücke, die Lücke, unspezifisch neugierig zu sein, sich aus einem Gefühl von Geborgenheit und Vertrauen heraus unbekümmert an Aufgaben heranzumachen. Ihnen fehlt die Möglichkeit der Wert- und Gefühlssicherheit. Sie können nicht der Welt und sich selbst gegenüber offen sein. Ihnen fehlt die Sicherheit im Umgang mit Menschen, die vielleicht am besten als Mischung von gesundem Selbstwertgefühl und Taktgefühl gekennzeichnet werden kann. Die Arbeitshemmung, die ich bei dem kleinen Peter beschrieb, beruht auf dieser Lücke im Erleben, auf dem Unvermögen, sich der Welt mit interessiertem Selbstverständnis zuzuwenden. Das ist verlorengegangen. Statt dessen herrscht meist gar nicht bewußte, dumpfe Angst und Unsicherheit auf jedem Gebiet, das *Zuwendung* erfordert, eine Angst, die entweder durch Abkapseln oder durch überstürztes Aufdrängen überdeckt wird. Diese meist freilich wieder unterdrückte Angst ist es vor allem, die die innere Beunruhigung dieser Menschen ausmacht. Ein Kind, das solche Verhaltensweisen zeigt, hat häufig eine Störung in seinem „intentionalen Erleben", wie es der Arzt Schultz-Hencke zuerst genannt hat. Intendere = zuwenden bedeutet also in diesem Zusammenhang: So ein Mensch leidet an dem Unvermögen, sich zuwenden zu können – nicht den Menschen, nicht den Dingen und damit auch nicht dem Lernstoff in der Schule.

3. Leistungsstörung durch Passivität – Der Fall Inga

Als nächstes möchte ich die kleine Inga vorstellen, ein siebenjähriges Kind, das mit der Schule ebenfalls nicht zurechtkommt. Das Mädchen ist auffallend dick, hat die Nägel sowohl an den Händen als auch an den Füßen fast bis zur Hälfte abgekaut und vom zu langen Daumenlutschen einen vorgeschobenen Oberkiefer. Ihre hellen Augen können zwar anblicken, sind aber matt, und die Lippen sind zu einem Dauerschmollen vorgestülpt. Ingas Mutter weiß ein registerlanges Klagelied über das Verhalten des Kindes zu singen, und in der Tat, das Schicksal dieser Mutter ist hart und bedauernswert; denn Inga ist zum Arbeiten nicht zu bewegen. Schon morgens vor der Schule wird das Kind durch seine aufreizende Bummelei zum Zankapfel der Familie. Mit Trotz und Geschrei reagiert es auf die Bitten, Forderungen und Drohungen, sich zu beeilen, um dann schließlich doch nur in Hast und ungenügend vorbereitet, nach einem abgebrochenen Morgenkaffee auf den Weg zur Schule gehetzt zu werden. Von dort bringt es regelmäßig neue Schrecken mit: entweder eine ungenügende Arbeit, Strafarbeiten wegen nicht gemachter Schulaufgabe, Nachsitzen wegen verbummelter Berichtigungen, ja sogar eine gefälschte Unterschrift mit Großmutters Hilfe ist schon vorgekommen, usw. usw. Am Nachmittag das gleiche Lied: Inga fängt gar nicht erst mit den Schularbeiten an. Sie hört Radio, sie sieht fern, sie verprügelt ihre kleine Schwester, sie sitzt unlustig nöhlend und meistens auch noch dauernd Brause trinkend herum – ein Kreuz für die unglückselige Mutter. Manchmal wird sie wohl durch irgendeinen Vorschlag oder ein Spielzeug verlockt, eine Tätigkeit zu beginnen, aber diese Lust verschwindet überraschend schnell. Ist bei der Bastelei oder dem Spiel eine kleine, auch nur geringe Schwierigkeit zu überwinden, so wird das Zeug hingeworfen und auf Nimmerwiedersehen beiseite gelegt. Ähnlich ist es bei den Schularbeiten: Mit Hast wird schließlich einmal ein Anfang gemacht – aber der schon bald auftretende erste Fehler durch Verschreiben wird mit wilder Ungeduld, mit Füßestampfen und Wutausbrüchen beantwortet, und schließlich wird die Arbeit nur als unzureichende Schmiererei und unter Druck zu Ende geführt. Was für eine Last, was für eine Quälerei – und noch gibt es heute unzählige solcher Kinder. Sie werden meist immer einmal wieder geschlagen vom Vater, von der Mutter oder von beiden, obgleich diese nicht dem Prinzip der Prügelerziehung huldigen – aber die Passivität, die Verbocktheit, der nicht brechbare Widerstand der Kinder ist so aufreizend, daß die Eltern Engel sein müßten, um das zu ertragen, ohne in Wut zu geraten.

4. Passivität in der Schule und neurotische Depression

Der zentrale Punkt dieser Störung ist das Unvermögen sich anzustrengen, die Unfähigkeit, über einen längeren Zeitraum geduldig bei einer Tätigkeit auszuharren, bis der Erfolg eintritt. Hast, Ungeduld, Gier – vor allem im Essen und Trinken – auf der einen, nicht überwindbare Trägheit auf der anderen Seite machen den Charakter dieser Störung aus, die später häufig in eine bestimmte Struktur einmündet, die wir als die depressive bezeichnen. Das klingt verwunderlich. Die ungezogenen Kinder sollen depressiv sein? Zeigten sie je Reue? Waren sie je bedauernswert traurig? Wieviel leichter wäre alles gewesen, wenn man es mit bemitleidenswerten, betrübten Geschöpfchen zu tun gehabt hätte. Und doch können Menschen mit solcher Vorgeschichte später an depressiven Verstimmungen oder an ihren Auswirkungen, an Süchten verschiedener Art erkranken. Denn verkappt und tief verborgen standen auch schon die Schulschwierigkeiten dieser Erwachsenen unter dem Ballast einer Gestimmtheit, deren Zentrum die Hoffnungslosigkeit bildete, etwa nach dem Motto: „Es hat doch alles keinen Zweck. Das, was du haben möchtest, kannst du ja doch nicht bekommen! Da hat es gar keinen Sinn, überhaupt erst anzufangen." Eine Empfindung, die sich durch den Teufelskreis von Versäumnis und Strafe immer nachhaltiger einschleift. Und auch bei der depressiven Struktur der Erwachsenen spielen die Unruhe, die Ungeduld, die Gier, die Riesenansprüche noch eine große Rolle; denn wenn man schon keine Aussichten hat, etwas zu bekommen – vielleicht läßt es sich doch erzwingen, vielleicht überlisten, vielleicht doch noch rauben oder ertrotzen.

So gehört es zu der spezifischen Unausgeglichenheit der depressiven Struktur, illegale und unberechtigte Übergriffe zu praktizieren: durch ein gieriges, überanspruchsvolles Kontaktsuchen, durch schmollende, nie befriedigte Unersättlichkeit, ja – unter ungünstigen Umständen – durch Diebstahl. Im Zentrum der depressiven Struktur steht die schreckliche Angst, verlassen zu werden und hungrig leer zu bleiben, eine Angst, die oft unter der Einwirkung unbestimmter Racheimpulse zu Taten treiben kann, die Eltern und Lehrer unverständlich erscheinen.

Auch hier können wir also wieder ein ähnliches Phänomen beobachten, wie bei der zuerst beschriebenen schizoiden Struktur: Es klafft auch hier eine Lücke zwischen einer extremen Passivität und einem unüberlegten, alle Grenzen überschreitenden Impuls zum Verschlingen, zum ungeduldigen und unduldsamen Raffen, ganz gleich ob von Nahrungsmitteln, Lernstoff oder ganzen Menschen, wobei in jeder Hinsicht die Gefahr besteht, daß nicht verdaut wird, weil diese Menschen grundsätzlich kein Gefühl für die richtige Einteilung und das richtige Maß haben. Deshalb leiden sie später häufig unter Fettsucht, Trunksucht, Fressen – auch von Büchern, ohne sie zu „verdauen" – und haben im Umgang mit Menschen eine geradezu kannibalische Tendenz, weil sie aus Furcht vor dem Verlassenwerden dem anderen keine Ruhe, keine Distanz, kein Eigensein gönnen. Es dreht sich also bei diesem extremen Verhalten eigentlich um das Haben, das An-sich-Bringen. Die Passivität dieser Menschen geht aus dem mutlosen Gefühl des Nicht-Habens hervor. Die Raffgier und die Ungeduldshaltungen haben ihre Triebfeder in dem gierig durchbrechenden Wunsch, *doch* noch zum Besitz zu gelangen. Das Wesen der Lücke im Erleben dieser Menschen besteht also in dem Unvermögen, in ruhiger Überlegung und mit rechtem Maß zuzupacken, zur rechten Zeit zu bitten und am richtigen Ort fordern zu können. Sie können in der Schule deshalb nicht richtig arbeiten, weil ihnen der Mut und die Freude am Zupacken, dem angemessenen Sich-aneignen von Wissensstoff fehlt. Die innere Unruhe der Depressiven, die ihnen die Arbeitsfähigkeit raubt, liegt in der – meist verdeckten – Angst, leer zu bleiben, immer zu kurz zu kommen, wobei es typisch ist, daß sie ihre Wünsche nicht einmal kennen, daß sie wunschlos, das heißt wunschverdrängt unglücklich sind. Sie können sich das ihnen Lebensnotwendige nicht nehmen, fühlen sich dadurch in einer unbestimmten Weise in ihrer gesamten Existenz bedroht, was häufig zu erheblichen Schlafstörungen führt. Sehr charakteristisch kommt das Wesen so einer depressiven Struktur in den Büchern der französischen Bestseller-Autorin Françoise Sagan zum Ausdruck: „Und immer war in mir dieser Geschmack von Langeweile, von Einsamkeit und manchmal auch von Überschwang", schreibt sie. Und an einer anderen Stelle: „Ich wollte nicht verlassen sein, wollte *er* sein, wollte mich auflösen." Dieser Drang, sich aufzulösen, um nicht verstoßen zu werden, den anderen zu fressen oder sich von ihm fressen zu lassen, um nur ja nicht allein zu sein, gehört zu einem wesentlichen Zug der depressiven Charakterstruktur. Hinter all dieser Not aber steht in typischer Weise das Unvermögen, „Ich" zu sein, an sich selbst zu arbeiten, um überhaupt erst ein eigenständiges Wesen zu werden.

Françoise Sagan beschreibt das in ehrlicher Schärfe: „Ich hatte noch nie etwas selber entschieden. Immer hatten die anderen für mich gewählt. Warum sollte ich nicht noch einmal den Dingen ihren Lauf lassen? Da war der tägliche Überdruß, alles würde sich ganz von selbst ergeben, es war nicht notwendig, daß ich versuchte, es vorher zu wissen!"

Das heißt im Grunde: Du kannst dich zu der Anstrengung, ein selbstverantwortliches Ich zu werden, doch nicht aufraffen. Laß es nur laufen. Die Passivität als Grundton dieser Aussagen ist unverkennbar! Deshalb überrascht es denn auch nicht, wenn die Schriftstellerin in einer Lebensdarstellung berichtet, daß sie bis zu ihrem 18. Lebensjahr untätig und flegelhaft ihre Jahre verbummelt habe und daß sie auf dem Höhepunkt der Gelangweiltheit, des Abscheus und des Überdrusses beschlossen habe, diese ihre Gefühle in Romanen zu beschreiben.

Depressive Erwachsene, die in ihrem Schulalter bereits Arbeitsstörungen dieser Art aufwiesen, gibt es in unserem Kulturkreis heute in großer Zahl.

Die 22jährige Heike zum Beispiel versetzt ihre Eltern, Ärzte und Betreuer gleichbleibend in Rat- und Hilflosigkeit. Der korpulenten Tochter aus „gutem` Hause" wird von allen zu Rate gezogenen Neurologen und Psychologen eine hohe intakte Intelligenz und hirnorganische Gesundheit attestiert. Dennoch ist es Heike nicht möglich, eine Berufsausbildung zum Abschluß zu bringen. Bereits auf dem Gymnasium war sie so faul, daß sie lediglich in den Fächern, die weniger Fleiß erforderten, ausreichende Noten hatte. Der Kampf gegen die Schulunlust der Tochter ermattete die Eltern schließlich und veranlaßte sie, das Mädchen zwei Jahre vor dem Abschluß aus der Schule zu nehmen. Von nun an wurden 14 verschiedene Versuche zu einer Berufsausbildung gemacht, die an der Arbeitsunlust, der Trägheit, den fadenscheinigen Entschuldigungen für das Fehlen am Arbeitsplatz scheiterten. An den meisten Tagen kam Heike zu spät zur Arbeit, bummelte dann herum, hielt Lehrlinge und Mitarbeiter durch langanhaltendes Geschwätz von der Arbeit ab und erregte den Zorn ihrer Arbeitgeber durch die zahlreichen Schilderungen ihres Schwitzens, ihres Frierens, ihrer Menstruationsbeschwerden, ihrer Verdauungsnöte etc. Im 22. Lebensjahr wurde Heike in einem Warenhaus wiederholt bei Diebstählen von Eßwaren und Bekleidung ertappt und mußte deswegen einige Wochen einsitzen. Danach verschlechterte sich der Zustand trotz mehrerer psychiatrischer Behandlungsversuche stationärer und ambulanter Art zunehmend. Heute verläßt sie kaum noch das Haus und verbringt die Tage bei dröhnender Schlagermusik rauchend im Bett. Am Abend sieht sie bis in die späte Nacht fern – unter Konsum von großen Flüssigkeitsmengen. – Dabei ist Heike von stumpfer Traurigkeit. Umstimmungsversuche der Eltern beantwortet sie, wie schon als Kind, mit heftigen Aggressionen. Eine erneute stationäre Beobachtung in einem psychiatrischen Krankenhaus führte zur Bestätigung der Diagnose: Neurotische Depression; ein psychotischer Prozeß konnte abermals ausgeschlossen werden.

5. Leistungsstörung durch Perfektionismus – Der Fall Sabine

Sabine war, als ich sie kennenlernte, von Eltern und Lehrern übereinstimmend für schulunfähig erklärt worden, obgleich sie in den ersten beiden Grundschuljahren zunächst glänzende, weit über dem Durchschnitt stehende Leistungen erzielt hatte. Aber sie hatte es nicht ertragen können, Fehler zu machen. Mit zitterndem Entsetzen hatte sie die rote Tinte in ihren Heften aufgenommen, hatte daraufhin, mit der Mutter übend, das ihr mögliche Arbeitspensum weit über ihre Kraft ausgedehnt, war dann übermüdet und gequält in der Schule von einem Skrupel in den anderen gefallen, ob die Arbeit wohl vollkommen und richtig genug sei. Ihr Arbeitstempo hatte sich unter dieser Entscheidungsnot und Unsicherheit immer mehr verlangsamt, die Aufsätze waren immer kürzer und die Diktate und Rechenarbeiten immer konfuser und verwirrter geworden. Schließlich hatte sie gar nichts mehr zustande gebracht. Sabine war außerdem pedantisch sauber und ordentlich. Schon ein Fleck konnte sie in Erregung versetzen, und ihre Angst, sich durch Schmutz eine ansteckende Krankheit zu holen, hatte sich so ausgewirkt, daß sie ihre Tage mit Saubermachen, Ordnen, und einer sie immer mehr einengenden Kette von Vermeidungen zubrachte, die ihre Arbeitsfähigkeit zusätzlich lähmte. Eines aber blieb merkwürdig: daß dieses so karge, etwas lahm und dürftig wirkende Mädchen, das im allgemeinen bescheiden, gehorsam und abgabebereit war, plötzlich und gelegentlich sich extrem anders zeigte. Sie konnte in rasende Wut geraten, gebrauchte dann in phantasievollster Weise die beleidigendsten Schimpfworte in großer Zahl und versuchte starrsinnig, rechthaberisch und eigensinnig ihren Willen durchzusetzen. Außerdem entwickelte sie einen penetranten Geiz. Nicht nur, daß sie Geld sparte, Zeitungen, Briefmarken und abgetragene Kleider sammelte – sie hielt auf der ganzen Linie zurück, wo es etwas zurückzuhalten gab: Bewegungen, mündliche und schriftliche Worte, ja sogar ihre Exkremente, so daß sie eine erhebliche Dauerverstopfung hatte.

So pflegt eine Arbeitsstörung im Schulalter auszusehen, auf deren Boden sich später eine Charakterstruktur ausbildet, die wir als zwangsneurotisch bezeichnen.

6. Perfektionismus und zwangsneurotische Fehlhaltungen

Menschen mit einer zwangsneurotischen Charakterstruktur zeigen eine Tendenz zur Erstarrung, zum Einfrieren ihres Gefühls- und Empfindungslebens, weil eine unbewußte Angst vor jeder Abgabe, vor jedem Fehler sie in eine pedantische, steifkorrekte, ja pharisäisch-rechthaberische Haltung treibt. Für solche Menschen gibt es nur eine Alternative: Vollkommenheit oder Untergang. Und da dieser Anspruch für ein menschliches Wesen undurchführbar übersteigert ist, bleibt ihnen im Anblick eines Fehlers nur eine einzige Möglichkeit, wollen sie weiter existieren: die Verleugnung, das Ungeschehenmachen, die Abwehr dessen, was nicht annehmbar ist, nach dem Motto von Morgenstern: „Und so schließt er messerscharf, daß nicht sein kann, was nicht sein darf." Viele Affektmörder stehen deshalb in einer so unerschütterbar aufrechten und überzeugend unschuldigen Haltung vor ihren Richtern, weil die Tat als „ich-fremd" vom Bewußtsein abgespalten ist.

Ein sehr ausgeprägtes Beispiel für eine solche Charakterstruktur könnte zum Beispiel der Diktator Stalin gewesen sein. Edith Eucken-Erdsiek beschreibt ihn folgendermaßen: „Stalin war durch und durch Bürokrat ... Als Bürokrat verstand er sich auf geduldige Verwaltungsarbeit, aber noch besser auf die Kniffe, mit denen man selbst im Hintergrund bleiben, andere für die gewünschten Zwecke einzusetzen weiß … Seine Grausamkeit wuchs – nach so vielen Blutbädern noch nicht gestillt. Seine Rachsucht nahm immer gespenstischere Formen an … Noch mehr Macht, schrankenlose Macht, vor allem unbedingte Macht über die Seelen … Am Ende hat er im Zwang des eigenen Sadismus Züge entwickelt, die an Wahnsinn gemahnten … Stalin konnte seine Durchsetzung erzwingen, weil er mehr als irgendeiner seiner Rivalen der Mann war, den das System brauchte: ein totalitärer Mensch." *

Solche Diktatur ist eine Folge von Angst, der Angst, daß durch die mächtige Decke der Zucht die verbannten Impulse zum Widerspruch und zum sprudelnden freien Leben durchbrechen könnten. Das ist nun freilich die sehr düstere Auswirkung einer Tendenz, das Böse zu vermeiden; denn Menschen mit Schwierigkeiten dieser Art versuchen in unlogischer Weise das Böse, das sie in sich selbst drosseln wollen, draußen, in den anderen Menschen, zu vernichten.

Unsere biographischen Kenntnisse reichen nicht aus, um Aussagen über die Arbeitsweise des Schuljungen Stalin zu machen. Bei vielen Erwachsenen aber mit einem zwangsneurotischen Perfektionismus ist das möglich, vor allem bei jenen, die sich als Erwachsene psychotherapeutischer Behandlung unterzogen. Daß wir heute Prognosen stellen und von sogenannten „zwangsneurotischen Entwicklungen" sprechen können, liegt eben gerade daran, daß sie neben ihren Symptomen die typisch gleichen charakterlichen Fehlverhaltensweisen, die typisch gleichen Arbeitsstörungen in der Kindheit und sogar ähnliche Lebenslinien aufwiesen. Wie aber sieht so eine Lebenslinie in ihren typischen Zügen aus? Ich kann das vielleicht am besten wieder

---

* Freiburg 1980, S. 66 ff.

an einem Beispiel verdeutlichen, an dem Fall jener jungen Frau, die als Mutter ihres gestörten Kindes zu mir kam.

Frau W. lebte mit ihrem Mann, ihrem dreijährigen Jungen und ihrem Vater in einer Familiengemeinschaft und strebte danach, mit äußerster Akkuratesse den Haushalt zu führen, bis sie durch ihre Zwangsvorstellung, ihrer Familie durch verschmutztes Essen zu schaden, daran gehindert wurde, zur rechten Zeit und schließlich überhaupt nicht mehr, das Essen auf den Tisch zu bringen. Sie sondierte, prüfte und beseitigte das bereitete Essen so oft, bis schließlich die Männer auswärts aßen und das Kind in einer Tagesstätte untergebracht wurde, während die junge Mutter mit den sich immer mehr steigernden Ängsten im Hause zurückblieb.

Was zeigte diese Frau für Charakterzüge? Sie war pedantisch, übergewissenhaft, pflichteifrig, peinlich sauber, sparsam, anspruchslos für sich selbst, von einem überströmenden Altruismus den Familienmitgliedern gegenüber, von einer übertriebenen, geradezu mißtrauischen Überbesorgtheit für ihr Kind; sie hatte eine die Arbeit unsinnig erschwerende Vorliebe für antike Stilmöbel, überhaupt für alles Althergebrachte und eine übertriebene Furcht vor Schmutz, Bazillen und Infektionen. Dementsprechend strotzten ihre Träume von Kot, Schmutz und striemenüberzogenen Gesäßen, von Mord und Totschlag, Verfolgung und Explosionen. Der Krankheitsausbruch datierte wenige Wochen nach dem Tod der Mutter der Patientin. Ihre Eltern hatten mit der jungen Familie zwar nicht im eigenen Haushalt, aber im gleichen Hause gewohnt, und die Mutter hatte bis zu ihrem Tode ein sehr bestimmendes Regiment geführt. Je mehr sich die Gehemmtheit des Mädchens ausprägte, um so mehr strebte es danach, Ideale aufzubauen. Statt der kleinkindhaften Freude am Sich-Durchsetzen – der übersteigerte Eifer nach vollkommener Sauberkeit, statt der Freude an der Bewegung, dem Wagnis des Unbekannten – das rationalisierte Festhalten am Vorhandenen, am festen Bestand. Eine Zeitlang noch bestanden bei dem jungen Mädchen tagträumerische Phantasien: Maschinen überrollten Pflanzen, Tiere, Menschen; eine großmächtige reiche Prinzessin verteilte nach Gunst und Laune Segen oder grausame Marterqualen. Dann wurden auch diese Phantasien verdrängt, weil sie als schuldhaft empfunden wurden. Dieser Vorgang führte zu einer zusätzlichen Beschneidung der Phantasie, so daß das Mädchen einfallsarm, dürftig und starr zu werden begann. Frau W. war in vielen Stunden am Tag und in ihren schlafarmen Nächten damit beschäftigt, aus ihren Gedanken das „Niedrige" zu entfernen, um dann in den Träumen um so heftiger von Schmutz- und besonders Kotphantasien, Mülltonnen, Kloträumen und Machtphantasien aller Art überfallen zu werden.

Ähnlich wie bei der schizoiden Struktur Distanzlosigkeit mit der Kontaktunfähigkeit, bei der depressiven Struktur die räuberischen Tendenzen mit der Passivität, wohnen nun hier bei der zwangsneurotischen Struktur die Überkorrektheit mit der Gewalttat oft in einem Hause. Gegensätze sind häufig einander um so näher, je entfernter sie erscheinen. „Die Gegensätze berühren sich" – das ist ein Phänomen, das auch in der Seelenkunde seine Gültigkeit hat. Arbeitsstörungen im Schulalter, die einen zwangsneurotischen Hintergrund haben, zeichnen sich in ihrem Wesen ebenfalls durch zwei schwankende Extreme aus: Es fehlt abermals die Mitte, es klafft auch hier eine Lücke im Erleben, die es solchen Menschen unmöglich macht, Verluste und Mißerfolge zu ertragen. Sie können nicht in der richtigen Weise, nicht im *rechten Maß* geben, wagen, angreifen oder sich verteidigen. Sie sind entweder übertrieben abgabebereit oder geizig, entweder übergefügig oder gewalttätig. Sie fühlen sich im tiefsten Inneren abgrundtief arm und haben entsetzliche Angst, ihres kärglichen Besitzes beraubt zu werden, zu verlieren, beschnitten, zerstört zu werden. Deshalb sind sie zurückhaltend, oft bis zur totalen Schweigsamkeit im mündlichen Unterricht, weil sie eben alles zurückhalten, was sich zurückhalten läßt, deshalb sitzen sie blockiert und einfallslos vor der geforderten Arbeitsaufgabe. Das Festhalten ist zu einer in allen Lebensbezirken sichtbaren Grundhaltung geworden. Nur aus Angst bricht also dieses System von Vermeidungen gelegentlich in Anfällen von Raserei und Jähzorn zusammen, wie es ein chinesisches Sprichwort ausdrückt: „Aus Angst macht der Tiger Angst" – wobei wir uns vor Augen halten müssen, daß selbst das Gefühl dieser Angst nicht durch die Sperre der überstrengen Selbstkontrolle ins Bewußtsein tritt. Wie aber soll ein Mensch in schöpferischer Spontaneität arbeiten können, wie sein Werk aufbauen, wenn diese Unfähigkeit zum Aufheben des Alten zugunsten des Neuen, zum Produzieren und Konstruieren verlorengegangen ist oder nicht entwickelt werden konnte, ja, wenn jede Form von Abgabe Angst hervorruft, Angst, die man am besten doch vermeidet, indem man nicht mehr abgibt? So liegt das Wesen der Unruhe, die diesen Menschen ihre Arbeitsfähigkeit raubt, in dem Unvermögen zum unbekümmerten, aus freiem Entschluß geborenen Produzieren.

7. Leistungsstörung durch Flüchtigkeit – Der Fall Thomas

Um nun eine vierte Form des neurotischen Schulversagens deutlich zu machen, möchte ich den kleinen Thomas schildern.

Thomas war gerade ein halbes Jahr auf der Oberschule, als ich ihn kennenlernte. Er hatte dort bisher eine Kette von Fünfen und Sechsen geschrieben. Durch die Grundschule war er noch ganz manierlich, wenn auch nicht gerade als Musterschüler gegangen. Dort waren seine Leistungen sehr wechselhaft gewesen. Aber mannigfaltige Klagen der Lehrer hatte es auch dort schon gegeben. Vor allem litt das Kind an einer unangenehmen Flatterhaftigkeit und Unruhe, Zappeligkeit, nur kurzfristiger Aufmerksamkeit und einer Fülle oft bestrickender und origineller Clownerien. Die Unruhe, das Unvermögen zur langfristigen Konzentration verursachten eine Menge Flüchtigkeitsfehler in den schriftlichen Arbeiten, Unstetigkeit und Vergeßlichkeit in den Schularbeiten. Diese Schwierigkeiten wurden verstärkt durch eine kaum überbietbare Ablenkbarkeit. Er besaß eine so geschickte und sofort praktizierte Nachahmungsbereitschaft, daß er zum Beispiel beim Zeichnen die Ideen der anderen, die er abgeguckt hatte, schon flüchtig verwirklichte, ehe die anderen an eine gründliche Ausführung herangegangen waren. Dabei verstand er es, durch den jeweiligen Wechsel seiner Rolle sich geschickt so zu geben, daß er bei den jeweiligen Lehrern mit den Eigenschaften glänzte, auf die diese den meisten Wert legten und jeder sagte seufzend: „Was für ein netter Kerl – nur schade, daß er so flüchtig ist und sich nicht daran gewöhnen kann, planvoll und stetig zu arbeiten!" Übrigens: Thomas war auch ein Matador in der Fußballmannschaft, und man konnte von ihm viele, lebhaft vorgetragene Schilderungen draufgängerischer Heldentaten hören. Merkwürdig und gänzlich gegensätzlich mutete es nur an, daß er plötzlich ohnmächtig wurde, als auf einem Klassenausflug ein Turm bestiegen werden sollte, daß ihm in den Schulstunden häufig einmal schlecht wurde und daß er sich sogar eine Zeitlang allmorgendlich vor der Schule erbrechen mußte.

8. Flüchtigkeit und hysterische Charakterstruktur

Alle vier Kinder haben also Schulschwierigkeiten, aber sie unterscheiden sich doch erheblich voneinander. Bei Peter sind sie durch seine allgemeine Lustlosigkeit bedingt, bei Inga durch ihre unüberwindbare Passivität, bei Sabine durch ihr Unvermögen, Mißerfolge zu ertragen, und bei Thomas durch plan- und zielloses Jagen nach Augenblickserfolgen. Diese auf den augenblicklichen Effekt, die brillante darstellerische Wirkung bedachte Haltung macht übrigens später den Wesenskern jener Charakterstruktur aus, die wir als hysterisch bezeichnen. Solche Menschen zeichnen sich später durch unstete Planlosigkeit und Rollenhaftigkeit aus. Sie handeln nicht nach eigenen Motiven, Grundsätzen oder Standpunkten, sondern lehnen sich an personelle Vorbilder und kollektive Klischees an. Sie haben keinen eigenen Boden in sich, wirken zunächst brillant und innerlich reich, um sich bei näherem Zusehen als verhältnismäßig substanzarm zu erweisen. Im Gegensatz zur so auffallenden und beneidenswerten Sicherheit im Auftreten stehen die mannigfaltigen, oft klagsam in den Mittelpunkt gerückten Krankheiten, Unstetigkeit und Planlosigkeit in der Arbeit und eine bei diesem Typ so befremdliche Angst vor dem anderen Geschlecht. Der Don Juan, der nie heiratet, und die Filmdiva mit den vier bis sechs Ehen sind typische Beispiele solch einer Charakterstruktur.

Es ist jetzt schon erkennbar: Auch hier klafft eine Lücke. Die Arbeitsstörung wird durch das suchtartige Suchen nach Anerkennung und Geltung hervorgerufen, das die stetige Planung nicht zur Durchführung kommen läßt. Gleichzeitig haben solche Menschen Angst vor verpflichtender Nähe zu anderen Menschen. Sie können sich überall und generell nicht binden, können nicht verbindlich sein, weil sie an ihre eigenen Fähigkeiten nicht glauben. Sie sind nicht sicher, geliebt zu werden, und sie glauben deshalb weder daran, daß sie lieben noch daß sie arbeiten können. Deshalb suchen sie so suchtartig, so überstürzt danach. Dadurch werden ihre Mißerfolge hervorgerufen, durch die Mißerfolge werden die Minderwertigkeitsgefühle erhöht und dadurch wieder die unverbindliche Ungeordnetheit als Verhaltensweise bestärkt.

Die Rollenhaftigkeit solcher Charakterstruktur, die im Erwachsenenalter sich unter Umständen sogar gelegentlich zu hochstaplerischem Verhalten entwickeln kann, hat Thomas Mann meisterlich in seiner Erzählung „Bekenntnisse des Hochstaplers Felix Krull" geschildert. Wie die Leistungsabfälle in der Schule bei solchen Kindern zustande kommen, wußte der Dichter bereits, ohne daß es für ihn nötig war, Fälle in der kinderpsychotherapeutischen Praxis zu sammeln und als eine typische Charakterstruktur zu beschreiben. Er läßt seinen Felix bekennen: „Ich erwachte (...) mit dem Entschlusse, heute ein achtzehnjähriger Prinz namens Karl zu sein, und hielt an dieser Träumerei während des ganzen Tages, ja mehrere Tage lang fest; denn der unschätzbare Vorzug solches Spieles bestand darin, daß es in keinem Augenblick und nicht einmal während der so überaus lästigen Schulstunden unterbrochen zu werden brauchte. (...) Meine wachsende Abneigung gegen dies feindselige Institut (die Schule) noch besonders zu begründen, erachte ich für überflüssig. Die Bedingung, unter der ich einzig zu leben vermag, ist Ungebundenheit des Geistes und der Phantasie, und so kommt es, daß die Erinnerung an meinen langjährigen Aufenthalt im Zuchthause mich weniger unliebsam berührt als diejenige an die Bande der Knechtschaft und Furcht, in welche die scheinbar ehrenvollere Disziplin des kalkweißen, kastenartigen Hauses drunten im Städtchen die empfindliche Knabenseele schlug. Stellt man zum Überfluß meine Vereinsamung mit in Rechnung, deren Ursprünge ich auf früherem Blatte aufgedeckt habe, so wird es nicht wundernehmen, daß

ich früh darauf sann, dem Schuldienst nicht nur an Sonn- und
Feiertagen zu entkommen. (...) ‚Mein Sohn Felix', schrieb
ich, ‚war am 7ten currentis durch quälendes Bauchgrimmen
genötigt, dem Unterricht fernzubleiben, was mit Bedauern be-
scheinigt – E. Krull.' Oder auch etwa: ‚Eine eitrige Geschwulst
am Zahnfleisch sowie die Verstauchung des rechten Armes
waren schuld, daß Felix vom 10. bis 14. hujus das Zimmer
hüten und zu unserem Leidwesen vom Besuche der Lehran-
stalt absehen mußte. Es zeichnet mit Hochachtung – E. Krull.'
War dies gelungen, so hinderte nichts mich mehr, die Schulstunden eines Tages oder mehrere frei schweifend in der weiteren Umgebung des Städtchens zu verbringen, auf grünem
Anger, im Schatten flüsternder Blätter hingestreckt, den eigenartigen Gedanken meines jungen Herzens nachzuhängen,
zwischen dem malerischen Gemäuer der rheinwärts gelegenen,
weiland erzbischöflichen Burg verborgen die Stunden zu ver-
träumen."

9. Zusammenfassung und Ergänzung

Ich möchte jetzt vorläufig zusammenfassen, was wir am Beispiel der Arbeitsstörungen im Schulalter hier schon an Gesetz-
mäßigkeiten entdecken können:

1. Seelisch bedingte Lernhemmungen äußern sich in verschiedenen Formen, die eine Beziehung zu der späteren Ausbildung bestimmter Charakterstrukturen aufweisen.

2. Alle Kinder, die solche Arbeitsstörungen haben, weisen eine
jeweils verschiedene und stark im Vordergrund stehende Unausgeglichenheit, ja Gegensätzlichkeit in ihrem Verhalten auf.
Das zeigt sich unter anderem in ihrer Schrift besonders deut-

lich, die durch den Wechsel von Links- und Rechtsneigung der Buchstaben und durch Buchstabenauslassungen gekennzeichnet ist.

Diese Unausgeglichenheit hat ihre Ursache in einer jeweils zentralen Lücke im Vermögen dieser Menschen: Die Interesselosigkeit am Lernstoff hat ihren Grund in dem Unvermögen, sich selbstverständlich und vertrauensvoll-neugierig der Welt zuzuwenden.

Die Passivität und die Ungeduldshaltungen, die ein Kind am Lernen hindern, haben ihre Ursache in dem Unvermögen, maßvoll und ruhig zupacken zu können.

Die Übergewissenhaftigkeit und der Zwang zu einem starren, statischen Vollkommenheitsideal sind von dem Unvermögen zum freimütigen Abgeben und Produzieren begleitet.

Die Flüchtigkeit, die Planlosigkeit, die Ungeordnetheit, die ein Kind nicht zum Erfolg kommen läßt, hat häufig ihren Grund in einer tiefen Lücke in seinem Selbstwertgefühl.

Diese Lücken in den seelischen Vollzugsmöglichkeiten werden gelegentlich als dumpfes Unbehagen, gelegentlich auch als Angst erlebt. Im allgemeinen aber ist die Angst verdrängt, weil es viel zu unerträglich ist, täglich mit ihr zu leben. Sie ist durch vielerlei Scheinfreude und Scheinlust ersetzt. Zurückgeblieben aber ist eine unruhige Gespanntheit, die sich bemüht, die Angst in Schach zu halten. Dadurch entsteht generell für alle vier Grundstörungen eine zusätzliche Erschwernis der Konzentrationsfähigkeit, weil die seelischen Kräfte viel zu sehr mit diesen nur dumpf gespürten inneren Konflikten in Anspruch genommen sind.

Daraus resultiert auch

3. jene teilweise Verlangsamung der seelisch-geistigen Entwicklung, wie ich sie am Anfang beschrieb. Die seelischen Kräfte sind innerlich in Anspruch genommen, die empfangsbereite

Leere für Lern- und Entwicklungsreize ist nur ungenügend vorhanden.

4. Die Lernhemmungen werden unter zusätzlich erschwerenden Umständen zu einem manifesten Schulversagen.

5. können diese Charakterstrukturen auch gelegentlich einmal bei schweren Störungen in *einer* Person miteinander verwoben sein.

Bei dem Dichter Franz Kafka war das zum Beispiel so. Kafka war ein schizoider wie auch ein zwangsneurotischer Charakter, was aus vielen Selbstzeugnissen und Selbstbeobachtungen hervorgeht. Das zeigte sich schon in seiner Schulzeit: „Ich war so unsicher aller Dinge, daß ich tatsächlich nur das besaß, was ich schon in den Händen oder im Munde hielt und was wenigstens auf dem Wege dorthin war", schreibt er, den man zeitweise den „Schweigerich" nannte. Der Grundschullehrer machte denn auch der Mutter Kafkas den Vorschlag, ihn noch in die 5. Klasse gehen zu lassen, „da er noch zu schwach sei". Dennoch hat Kafka – schon damals von einem pedantischen, unfrohen, gedrückten Pflichtbewußtsein beseelt – das Gymnasium bis zum Abschluß gebracht, freilich unter entsetzlichen Gewissensqualen, unter Angst, Fremdheit und Unvertrautheit. Er bezeichnet sich selbst als „gleichgültig gegen alle Lehrgegenstände im Gymnasium" und schreibt in zwangsneurotischer Angst vor dem Leistungsversagen: „Oft sah ich im Geist die schreckliche Versammlung von Professoren, wie sie diesen einzigen himmelschreienden Fall untersuchten, weil es mir, dem Unfähigsten und jedenfalls Unwissendsten, gelungen war, bis hinauf in diese Klasse zu schleichen." Und weiter, die intentionale Lücke in seinem Erleben hell beleuchtend: „Was kümmerte mich der Unterricht? Wer war imstande, auch nur einen Funken Anteilnahme aus mir herauszuschlagen?" Und seine schwere Kontaktstörung äußert sich in den Worten: „Dieses Verlangen nach Menschen, das ich habe und das sich in Angst verwandelt, wenn es erfüllt wird" – in Angst vor Abgabe nämlich, in Angst vor Preisgabe an den anderen. Diese Lücken im Erleben ließen Kafka in merkwürdiger Weise äußerlich nicht selbständig erwachsen werden. Er selbst empfand und beschreibt es bildhaft eindrucksvoll in den Worten an einen Freund, von dem er sich trennte: „Du warst wie ein Fenster für mich, durch das ich auf die Gasse sehen konnte. Allein konnte ich das nicht, denn trotz meiner Länge reichte ich noch nicht einmal bis zum Fensterbrett." Kafka bleibt weltfremd und unselbständig, ein pedantisch-gewissenhafter juristischer Beamter, von übertriebener Sauberkeit, scheuer Unterwürfigkeit, mit einem Gesichtstic behaftet. Und nur sein nächtliches Schreiben entfesselt in ihm mit Hilfe seiner phantastischen, gequälten, oft grausigen Erzählungen ein eigenwilliges und selbständiges Produzieren, das ihm im Alltag versagt sein mußte, das aber dennoch das Gezeichnetsein durch die seelische Störung in genialer Weise zum Ausdruck bringt.

Kafkas Störung war offenbar besonders lebenserschwerend. Aber zeigen uns nicht gerade neurotische Lebensschicksale neben ihrer Tragik auch etwas Hoffnungsvolles auf? Denn keineswegs versagen alle Kinder mit Schulschwierigkeiten restlos für alle Zeiten. Es gibt unter günstigen Umständen vollständige Heilungen, es gibt große Wandlungen gerade durch Schicksalseinbrüche, und es gibt gerade auf dem Boden solcher Mißerfolge am Lebensanfang häufig einmal einen Aufschwung in eine überwindende Haltung, die das Wesen der eigentlichen Schwierigkeiten überdeckt.

Es gibt also vier deutlich voneinander unterscheidbare Charakterstrukturen. Und gerade die extremen Haltungen haben – wie es sich beim genauen Hinsehen erweist – eine gemeinsame Wurzel. Gräbt man dieser Wurzel nach, das heißt, durchforscht man mit kundiger Hand die frühe Kindheit, so ergibt sich, daß ihre typische Wesenhaftigkeit außer durch bestimmte Erbanlagen durch bestimmte Einwirkungen der Umwelt sich so ausgeformt hat. Unter solchen Aspekten erscheint es nicht mehr undurchschaubar, warum gerade unsere Jugendgeneration heute so vielfältige Schwierigkeiten mit ihrer Arbeitshaltung hat. Warum eine so große Zahl durch ihre Trägheit, ihre Bummelei, ihr Schuleschwänzen und ihr allmorgendliches Abschreiben der Schularbeiten auffällt, warum sie trotz aller pädagogischer Bemühtheit im Unterricht oft so uninteressiert und doch so gespannt wirkt. Es liegt, so können wir jetzt schon sagen, daran, daß die depressiven Fehlhaltungen erheblich zugenommen haben.

Unter allen Erscheinungen unseres sozialen Lebens demonstriert keine andere so augenfällig den Einfluß der Umwelt auf den Menschen wie die Veränderung der Arbeitshaltung und der Lernfähigkeit in diesem Jahrhundert. Wir haben vor uns eine veränderte Jugend in einer veränderten Welt.

Wie diese verändernden Faktoren aussehen, auf welche Weise Menschen prägend veränderbar sind – das möchte ich anhand der Schilderung der Kinderschicksale von Peter, Inga, Sabine und Thomas im nächsten Teil darlegen.

II.
Leistungshemmungen und Umwelteinflüsse

„Und mit der Schule kommt unser Kind überhaupt nicht zurecht" – diese Worte bekommt ein Erziehungsberater in der Mehrzahl seiner Gespräche mit Eltern zu hören. Woran liegt das? Sind die Lehrer schuld, die Kinder, die Eltern, der Staat, die Schulbücher? Woran liegt es, daß dieses Problem so brennend aktuell ist, daß sogar die Illustrierten es sich erlauben können, solche Themen auf ihre Titelseite neben Lady Di zu setzen, weil sie wissen, daß der Stoff zum Kaufen der Zeitung anregt? „Begabungsschwund", rufen die einen, „die Schule muß weiter reformiert werden", fordern die anderen. „Die Kinder haben kein Pflichtgefühl mehr", erklärte neulich bekümmert ein Schulleiter. „Sie werden mit Schularbeiten überbürdet, durch den Leistungsdruck überfordert", behaupten vor allem immer wieder die Kinderärzte. Eine Fülle von Meinungen bei *einer* feststehenden Tatsache: Die Lernhemmungen heute breiten sich immer mehr aus. Gelangweilt und lahm, flüchtig und raffiniert, gleichgültig und doch geradezu krampfhaft gespannt, so geht heute ein Großteil der älteren Schüler lustlos durch seinen Schulalltag.

Ich habe zunächst aufgezeigt, daß diese Schwierigkeiten zum Teil in seelisch bedingten Arbeitsstörungen ihre Ursache haben, ja, daß es durchaus voneinander unterscheidbare Lernhemmungen gibt, die sich durch verschiedene Einwirkungen der Umwelt so und nicht anders ausgeprägt haben. Diese Lernhemmungen sehen schon in ihrem Erscheinungsbild verschieden aus und prägen sich später auch zu verschiedenen Charakterhaltungen aus. Da ist 1. die Gruppe der Kinder, die unfähig ist, sich überhaupt zu interessieren, sich dem Lernstoff zuzuwenden, die matt, lahm und kontaktunfähig ist. Die 2. Gruppe kann nicht lernen, weil ihre Passivität einerseits, ihre Ungeduld andererseits sie daran hindert, maßvoll eine Arbeit anzupacken. Die Kinder bummeln, fangen nicht an und schmieren dann viel zu hastig, aber mit großen Unterbrechungen während der Arbeit. Die 3. Gruppe – heute die zahlenmäßig kleinste – scheitert an ihrem übertriebenen Arbeitseifer. Die Kinder versagen an ihrem eigenen Zwang zur fehlerlosen Leistung, an ihrem eigenen schrankenlosen Quantitäts- und Qualitätsehrgeiz. Die 4. Gruppe ist planlos, flüchtig, unstet, unselbständig und ohne Zeiteinteilung.

Ich habe an vier Beispielen die Erscheinungsweisen dieser Lernhemmungen gezeigt und erläutert, daß diese Kinder in einer spezifischen Weise unausgeglichen sind und jeweils verschiedene zentrale Lücken in ihren seelischen Möglichkeiten haben. Diese Lücken berauben sie ihrer ausgeglichenen Mitte. Anstatt ruhig, sicher und ausgewogen zu sein, sind solche Kinder voller seelischer Gespanntheit, und ihr Charakter prägt sich zu merkwürdigen, extremen Verhaltensweisen aus. Die Kinder, die sich nicht interessieren können, werden unter ungünstigen Einflüssen kontaktunfähig, aber gelegentlich überschießend distanzlos. Die Kinder, die eine Arbeit nicht anpacken können, werden mißmutig-passiv, gelegentlich aber sind sie gierig. Die Kinder, die nicht produzieren können, die drucksend und zweifelnd über ihrer Arbeit sitzen, werden in eine starre Pflichthaltung hineingedrängt. Diese wird gelegentlich in Exzessen von Unordnung und Wut durchbrochen. Die planlosen und flüchtigen Kinder aber werden geltungssüchtig und bindungslos. Ja, in ungünstigen Fällen können diese unglücklichen Extreme zu schweren Mängeln führen, die auch in Konflikt mit den Gesetzen bringen können. Vagabundieren, Diebstahl, Gewalttat, Hochstapelei und sexuelle Verwahrlosung – diese schweren

Ausfälle gründen sich häufig auf solchen seelischen Fehlentwicklungen, die sich schon in der Kindheit als Schulschwierigkeiten und in dergleichen extremen Verhaltensweisen zeigten,
wie ich sie beschrieb.

Zum erstenmal in der Geschichte der Menschheit ist man
heute in der Lage, Aussagen über die Entstehung dieser merkwürdigen Diskrepanzen in ein und derselben Person zu machen. Friedrich Schiller hat sie freilich schon gesehen und sehn-
suchtsvoll nach der Stunde gerufen, in der die Zusammenhänge erkannt und ihre Zusammengehörigkeit herausgefunden
sein würden. Er schreibt erstaunlich weitsichtig in der Ein-
leitung zu seiner Erzählung „Der Verbrecher aus verlorener
Ehre“:

„Es ist etwas so Einförmiges und doch wieder so Zusam-
mengesetztes, das menschliche Herz. Eine und dieselbe Fer-
tigkeit oder Begierde kann in tausenderlei Formen und Rich-
tungen spielen, kann tausend widersprechende Phänomene bewirken, kann in tausend Charakteren anders gemischt erscheinen, und tausend ungleiche Charaktere und Handlungen können wieder aus einerlei Neigung gesponnen sein, wenn auch
der Mensch, von welchem die Rede ist, nichts weniger als eine
solche Verwandtschaft ahnet. Stünde einmal, wie für die übrigen Reiche der Natur, auch für das Menschengeschlecht ein
Linnäus auf, welcher nach Trieben und Neigungen klassifizier-
te, wie sehr würde man erstaunen, wenn man so manchen, dessen Laster in einer engen bürgerlichen Sphäre und in der schma-
len Umzäunung des Gesetzes jetzt ersticken muß, mit dem Un-
geheuer Borgia in *einer* Ordnung beisammen fände.“

Heute lassen sich nicht nur die Triebe und Neigungen klas-
sifizieren, auch die Schattenseiten und die besonderen Gefahren der verschiedenen Charakterstrukturen können heute bewußt gemacht werden. *Die Eindrücke der Kindheit* sind als ein
wesentlicher Faktor zur Ausbildung dieser oder jener Haltung

erkannt worden. Das deutlich zu machen, soll die Aufgabe dieses Abschnittes sein. Dabei ist mir vor allem eines wichtig: Ich werde der Vorgeschichte jener vier Kinder, die ich beschrieb, nachgehen und darlegen, wie sie und durch welche Bedingungen in ihrer Entwicklung zu den jeweils verschiedenen Leistungshemmungen kommen konnten. Aus den Schicksalen dieser einzelnen können wir dann aber auch verallgemeinernde Schlüsse ziehen und zeitbedingte, verändernde Faktoren nennen, die durch Lebensweise und Schulart auf die Kinder heute einwirken.

Fangen wir deshalb wieder bei dem kleinen Peter an, jenem Kind, das ich bereits schilderte.

1. Peters Vorgeschichte

Dieses sechsjährige Kind war das sechste eines Beamten. Das nächstältere Geschwister Peters war kurz vor dessen Geburt an einer Kinderkrankheit gestorben. Er hatte noch zwei Brüder, die ein und zwei Jahre älter waren als er, und zwei um mehrere Jahre ältere Schwestern. Seine Mutter war eine blasse, schmale Frau mittleren Alters, die gebeugt und verhärmt aussah. Sie konnte, nachdem sie zu den Beratern des Jungen Vertrauen gefaßt hatte, berichten, daß sie sich nicht kraftvoll genug fühle, um mit dieser großen Kinderschar fertig zu werden, sie sei im Grunde ihres Herzens auch zufrieden gewesen, als sie die beiden Töchter geboren hatte. Ihrem Einkommen, ihrer Wohnung und ihrer Kraft sei diese Zahl wohl auch gemäß gewesen. Aber ihr Mann, den sie als sehr lebensbejahend schildert, habe sich noch mehr Kinder, und vor allem Söhne, gewünscht. Sie hätte nach den Töchtern sechs Fehlgeburten gehabt und sich schließlich einer Operation unterzogen, um ihrem Mann noch mehr Kinder schenken zu können, wie sie sich ausdrückte. Daß dieser Wunsch sich dann in den beiden Söhnen erfüllt habe, habe ihr Aufschwung gegeben, aber die kleine Tochter, die gestorben sei, und den kleinen Peter habe sie nur noch mit innerem Widerstand austragen können. Es sei ihr einfach alles zuviel geworden, zumal die Söhne besonders lebhafte Kinder seien. Der Tod des fünften Kindes habe sie sehr belastet, weil sie immer das Gefühl gehabt habe, schuldig daran zu sein, so daß sie bei der Geburt Peters gänzlich kraftlos und ohne Initiative gewesen sei. Sie hätte das Kind, im Gegensatz zu den älteren, nicht stillen können, es sei auch ein mageres, unruhiges Würmlein gewesen. Nachdem sie es zwei Monate nach der Geburt selbst betreut habe, sei sie für ein halbes Jahr in ein Sanatorium verschickt worden. Die älteren Kinder waren während dieser Zeit bei Verwandten und der Säugling in einer Kinderklinik, da er ohnehin unter Ernährungsstörungen gelitten habe. Von dort sei er in ein Säuglingsheim überwiesen worden, so daß sie Peter erst mit $1^1/_2$ Jahren wieder in ihre Obhut genommen habe.

Diese Geschichte enthält einige wichtige und typische Schicksalskonstellationen, die die spätere Charakterstruktur des Kindes entscheidend mitbestimmen. Damit das verständlich wird, will ich zunächst die Krisenpunkte in Peters Umweltsituation verdeutlichen:

Peter war offensichtlich ein von der Mutter nicht gewolltes Kind, ja man könnte fast sagen, ein nicht gekonntes Kind; denn diese kleine, zarte Frau hatte ein Gefühl dafür, daß ihre Kraft nicht ausreichen werde, um auch diesem Jüngsten noch gerecht zu werden. Erstaunlich ist nun freilich, daß es ihr nicht gelingen konnte, in diesem Punkt zu einer vernünftigen Einigung mit ihrem Mann zu kommen. Das lag aber daran, daß sie selbst übergefügig und ihr Mann viel zu selbstherrlich-diktatorisch war, als daß eine einsichtsvolle Absprache zwischen den beiden Partnern hätte erfolgen können. Vor allem aber hätte diesen Mann, der sein Selbstwertgefühl durch die Zahl seiner Söhne zu erhöhen trachtete, gewiß die Tatsache zur Vernunft bringen können, daß die Chancen, sich gesund zu entwickeln, für ein von einer Mutter nicht gewolltes Kind sehr viel geringer sind. Peters Säulingsschicksal beweist das durchaus: Die Mutter ist gedrückt und lahm, ja sie gab sogar an, daß sie das Kind vor lauter Verzagtheit beim Füttern habe von ihrem Schoß fallen lassen. Sie kann nicht stillen, das Kind schreit viel und hat Ernährungsstörungen. Schon im dritten Lebensmonat entgleitet es der mütterlichen Pflege für mehr als ein Jahr. Den Skeptikern wird nun freilich noch nicht einleuchten, inwiefern denn durch das seelische Unvermögen der Mutter schon um diese Zeit, im ersten sogenannten „dummen" Vierteljahr der Säuglingszeit, eine seelische Schädigung des Kindes vorbereitet werden soll, warum diese Klinikzeit sich ungünstig auswirken konnte, wurde doch das Kind sicher nach allen Regeln ärztlicher Kunst und fachgerechter Säuglingspflege betreut.

2. Der Hospitalismus und seine Folgen

An dieser Stelle muß ich zunächst auf das Erfahrungsmaterial verweisen, das Wissenschaftler in den letzten Jahren über den sogenannten Hospitalismus zusammengetragen haben, vor allem Ärzte wie René Spitz, Bowlby, Dührssen, Schwidder, Pechstein und Hellbrügge. Klinikkinder wurden mit Heimkindern und Mutterkindern verglichen über lange Zeit und in großer Zahl. Dabei hat es sich erwiesen, daß unter den reinen Hospitalkindern nur 10 von 50 Kindern mit sechs Jahren schulreif werden, und zwar nicht, weil es sich um eine Auswahl von Schwachsinnigen oder minderwertigen Kindern handelt, sondern weil ihnen die gefühlsmäßige Ansprache während des ersten Lebensjahres gefehlt hat. Eine Mutter, die resigniert, kraftlos und krank ist, wie zum Beispiel Peters Mutter, wiegt ihr Kind nicht zärtlich und glückstrahlend in den Armen, sie hat keine Freude daran, nach den Mahlzeiten noch ein warmes und zutunliches Geplapper mit dem Kind anzustellen. Es gehört aber zu den Entwicklungsbedingungen und Entwicklungsanreizen, daß einem Kind im ersten Lebensjahr von seiner Umwelt anteilnehmender und belebender Kontakt geboten wird. Fehlt dieser Entwicklungsanreiz, so entwickelt das Kind nicht die Lust, sich der Welt neugierig zuzuwenden und unbekümmert in sie hineinzuwachsen. Ja, noch schlimmer; es kann – so wie es unzureichend mit seiner Hauptpflegerin bekannt wird –

auch mit der weiteren Umwelt nicht bekannt und vertraut werden. Es hat dieses – wenn auch noch so dumpfe, aber immerhin elementar *positive* – Gefühl von *Sicherheit* nie erlebt und antwortet auf alle Anreize von außen mit einer großen Angst und Unsicherheit. (Neue Erhärtung dieser Beobachtung wurde 1989 durch das Max-Planck-Institut für Bildungsforschung durch W. Edelstein, T. Jacobsen und E. Schreder erbracht.) Die Angst des Kindes aber führt dazu, daß es sich mehr und mehr abschließt, sich immer mehr zurückzieht, um die Angst zu vermeiden. Statt des Gefühls von Sicherheit und Geborgenheit werden diese Kinder von einer verschwommenen Fremdheit beherrscht, die amerikanische Fachleute als „Oceanic feeling", als ozeanisches Gefühl, bezeichnen, vergleichbar einem rettungslosen Verlorensein auf den Wogen des Weltmeeres. Der elementare Grundantrieb nach neugieriger Zuwendung kann sich also nicht entfalten, er wird gedrosselt.

Daß die Betreuung durch eine immer gleiche Person eine entscheidende Notwendigkeit ist zur gesunden seelischen Entfaltung, kristallisiert sich bei diesen Beobachtungen immer mehr heraus und wird durch die Entdeckung der Prägungsphänomene durch Lorenz in einer aufschlußreichen Weise untermauert. Graugänse und Enten – so stellte Lorenz fest – erkennen ihre Pflegerin nicht angeborenerweise, sie lernen in einer sogenannten Prägungsphase, die bei Entenvögeln wenige Stunden nach der Geburt liegt, ihre Pflegerin kennen, das heißt, sie folgen in Zukunft jenem Objekt nach, das ihnen in dieser Prägungsphase ständig nahe war. Lorenz und seine Mitarbeiter haben bewiesen, daß man auf diese Weise beliebige Gegenstände – selbst einen Fußball – zur künstlichen Entenmutter machen kann.

Lorenz hat diese Lernvorgänge deshalb „Prägung" genannt, weil die in der sogenannten sensiblen Phase eingestanzten Merkmale des nachzufolgenden Objekts nicht wieder löschbar sind. Die kleine Graugans Martina folgte bis an das Ende ihrer Jugend Konrad Lorenz, auf den sie geprägt war. Alle Versuche, die Tiere an Mütter ihrer Art zu gewöhnen, blieben erfolglos. Andererseits: Zog man die Gänse und Enten isoliert in sogenannten Kaspar-Hauser Situationen auf und verpaßte damit die Prägungsphase, so blieben die Tiere bindungslos, ja sie zeigten sich „taktlos", nachdem man sie als erwachsene Tiere auf den Versuchssee mit den frei lebenden Entenvögeln entließ. Sie blieben Außenseiter ihrer Sozietät, genau wie die Heimkinder.

Diese bemerkenswerten Übereinstimmungen ließen mich – gestützt durch die Beobachtungen in der Praxis – bereits am Beginn der sechziger Jahre vermuten, daß auch der Mensch eine prägungsähnliche Phase hat, in der er lernt, sich an seine Pflegerin zu binden, weil er genötigt ist, Schutz zu finden, um später Nachahmungsvorgänge zu vollziehen, um selbständig werden zu können. René Spitz hat solche Vorgänge untersucht, gefilmt und beschrieben. Danach lernt ein Säugling seine Mutter dadurch kennen, daß er vom dritten Monat an beim Fütterungsvorgang ihr Gesicht fixiert. Ein Wechsel der Pflegeperson kann vom vierten Monat an heftige Angstreaktionen, Ernährungsstörungen, Hauterkrankungen, schließlich ein Versinken in Apathie und ein Stagnieren der Entwicklung hervorrufen. Wie lange diese prägsame Phase beim Menschen dauert, wissen wir nicht mit Sicherheit. Auf jeden Fall ist sie ein sehr viel komplizierterer und länger dauernder Lernvorgang als bei den Entenvögeln. Zumindest scheint es so, als ob Kleinkinder bis zum Alter von fünfzehn Monaten noch prägbar sind und als wenn langfristige Mutter-Kind-Trennungen zwischen dem 6. und 12. Lebensmonat die gravierendsten Schädigungen auszulösen vermögen.

Noch ein Beispiel zur Bestätigung der Vermutung, daß es auch beim Menschen prägungsähnliche Vorgänge gibt:

Eine Mutter, die mit ihrem elfjährigen Sohn zur Beratung kommt und über Kontaktschwierigkeiten des Kindes klagt, berichtet, daß das Kind im Alter von drei Monaten zwei Monate lang wegen Ernährungsstörungen in einem Kinderkrankenhaus habe liegen müssen. Als es gesund geschrieben worden sei und sie, die Mutter, die Betreuung wieder übernommen habe, hätte sich gezeigt, daß das Kind die Nahrung verweigerte und ohne Lächeln stumpf und apathisch im Bettchen gelegen habe, während doch die Krankenschwester den guten Appetit und das freundliche Wesen des Kindes gerühmt habe. In ihrer Not habe die Mutter die Gemeindeschwester geholt. Das Kind habe diese sofort angelächelt und die Nahrung angenommen. Die Mutter habe sich dann in den nächsten Wochen mit einem weißen Kittel bekleidet – und da habe sich das Kind wieder allmählich an sie gewöhnt. Aber noch heute liebe der Junge Krankenschwestern und ginge jederzeit gern mit ihnen.

Die Konsequenz, die sich aus solchen vergleichenden Studien ergibt, müßte in dem Wissen bestehen, daß es zu den unumgänglichen Entwicklungsbedingungen eines Menschenkindes gehört, in seiner ersten Lebenszeit vornehmlich von *der* Person betreut und versorgt zu werden, die auch seine spätere Erziehung in der Hand haben wird. Dabei müßte dem Kind Gelegenheit geboten werden, viel Haut- und Blickkontakt mit dieser Betreuerin zu haben. Vor allem sollte das Kind wirkliche Liebe spüren – eine tätige Liebe, die von Hingabe und Opferbereitschaft erfüllt ist. Das ist die Hauptvoraussetzung dafür, daß Kinder später nachahmungsbereit und damit gehorsam und leicht erziehbar werden.

Menschen, denen dieses Erleben fehlt, versagen in unserer Schulform häufig schon im ersten Schuljahr und zeigen später jene Formen abnormer Distanziertheit, wie ich sie schon beschrieb. Daß aber solche Menschen immer wieder durch das andere Extrem, durch blindes Vertrauen, durch Distanz- und Taktlosigkeit auffallen, liegt daran, daß aus dem dumpfen Gefühl der Unausgewogenheit heraus immer wieder einmal der Drang entsteht, die Lücke in der Erlebnismöglichkeit auszufüllen und das Gefühl gespannten Unbefriedigtseins zu besei-

tigen. Weil diese Versuche aber mit so viel dranghaftem Über-
schuß durchgeführt werden und bei einem solchen Versuch das
gesunde Gefühl für Takt, für Maß fehlt, stößt das Kind in der
Umwelt im allgemeinen erneut auf Ablehnung und macht so
eine zusätzliche negative Erfahrung, die die vorgebahnte Charakterstruktur verschärft.

Wir wollen festhalten: Am schwerwiegendsten ist das Erleben
eines Menschen deshalb in der frühen Kindheit störbar, weil die
Gefühle noch gänzlich und ohne Bewußtheit im Dienste der
lebensnotwendigen Bedürfnisse stehen; werden diese nicht ausreichend befriedigt, so bleibt im Zentrum des Lebensgefühls
eine angstvolle Spannung bestehen, auf die der Mensch mit ab-
wehrenden Verhaltensweisen reagiert, die sich immer mehr aus-
formen und einschleifen. Schon in der Säuglingszeit wird
„Form geprägt", wie Goethe gesagt hat, Form, die lebend sich
entwickelt, das heißt, auf deren Boden sich eine bestimmte
Struktur als Konsequenz dieser ersten Prägung herausbildet.
Hier läßt sich einwenden: Was für ein Beweis für solche Frühprägungen ist schon die traurige Säulingszeit des kleinen Peter? Ein in seinen Anlagen anders bereitetes Kind hätte sich
trotzdem nicht so entwickelt. Die wesentliche Prägung des Kindes lag eben schon in seinen Erbfaktoren. Ich möchte darauf
erwidern: Ganz gewiß spielen sie eine erhebliche Rolle. Ein mit
weniger Vitalkraft ausgestattetes, zartes, sensibles Kind ist leichter verletzbar als ein robustes. Aber wenn ein Säugling geboren ist, weiß man dann, ob er robust ist? Weiß man, ob er alles
das aushält an Entbehrungen lebensnotwendiger Befriedi-
gungserlebnisse, die manche Pflegevorschriften noch heute
einem Säugling zumuten, ohne daß er einen seelischen Schaden erleidet? Ist es also nicht besser, die Möglichkeit der Schädigung zu kennen und ihr vorzubeugen, *bevor* sie verbiegend
und einengend in Erscheinung tritt?

Noch einen zweiten Beweis möchte ich den Skeptikern erbringen, die sich mit einem statischen, fatalistischen und *unabänderlichen* Erbprinzip zufriedengeben wollen: Werden diese Kinder früh genug mit dem Ziel behandelt, ihre Lücke im Bekanntwerden, im Vertrautwerden, im Interesse an der Welt zu schließen, so können sich jetzt Menschen entwickeln, die sich nicht mehr mit Haß und Mißtrauen vor der Welt zu verschließen brauchen, die fähig werden, sich zu interessieren und damit auch zu arbeiten und letztlich auch – zu lieben. Störungen dieser Art entstehen im Ansatz zwar schon im Säuglingsalter, aber auch das weitere Schicksal, die weiteren Prägungen sind wesentlich, und von den weiteren Einwirkungen, denen ein Kind ausgesetzt ist, hängt es ab, ob die Störung sich einschleift oder ausheilt.

Das Kind Claudia zum Beispiel war von der berufstätigen Mutter als Säugling in einem Heim abgegeben worden – aber während seines Spielalters hatte es darüber hinaus noch ein trauriges Dasein im Hinterzimmer des Damensalons zugebracht, in dem seine Mutter als Friseuse tätig war. Niemand hatte sich aus Zeitmangel recht für sie interessieren können, niemand hatte mit Anteilnahme ihre ersten Lernschritte in der Schule verfolgt. Niemals war ihr die Freude, das Lob und die Anerkennung über ein vollbrachtes Werk zuteil geworden. Erst als das Kind durch ein zwanghaftes Daumenlutschen, ein befremdliches Hin- und Herschaukeln mit Körper und Kopf und durch ein gänzliches Versagen in der Schule aufgefallen war, hatte die Mutter begonnen, sich besorgte Gedanken über die Entwicklung des Kindes zu machen.

Auch in der Schulzeit hatte also Claudia keine Resonanz ihres Tuns und Arbeitens gefunden. Ihre Umwelt war aus Not und Zeitmangel gleichgültig gegen die Interessen des Kindes. Soll es uns wundernehmen, wenn das Kind selbst an einer elementaren, stumpfen Gleichgültigkeit erkrankte?

Claudia und Peter lehren uns: Die Fähigkeit zu lernen ist durchaus davon abhängig, ob wir in der Lage sind, ein Kind liebend anzunehmen, in seiner Existenz zu bejahen, wenn wir für es Zeit haben. Nur das lebendige Interesse für unser Kind weckt auch sein lebendiges Interesse an der Welt und damit auch am Lernstoff. Die neuen Ergebnisse aus dem Max-Planck-Institut Berlin zeigen z. B., daß die kognitive Entwicklung von Kindern, die mit 7 Jahren auf ein sicheres Bindungsmodell zurückgreifen können, in der mittleren Kindheit und Jugend erheblich schneller verläuft als die Entwicklung von Kindern mit unsicherem Bindungsmodell. Die unsicher-verneinenden Kinder hinken ungefähr 2 Jahre hinter den sicher gebundenen her. Im Extremfall stagniert die geistige Entwicklung auf einem Niveau von Neunjährigen.

3. Ingas Vorgeschichte

Wir wollen uns nun den drei anderen Arten des Schulversagens zuwenden und sie im Hinblick auf ihre Vorgeschichte betrachten. Als zweites Beispiel nannte ich die kleine Inga, dieses enfant terrible, mit ihrer passiven, bequemen Einstellung zur Schule, ihren gierigen Riesenansprüchen, mit ihrer Ungeduld und viel zu geringen Ausdauer, die sie schon bald trotz gut durchschnittlicher Intelligenz zu einer schlechten Schülerin werden ließen. Was konnte die Mutter dieses Kindes über seine Entwicklungsgeschichte aussagen?

Inga war das erste Kind ihrer Eltern. Sie hätte eigentlich noch nicht kommen sollen; denn der Vater, mit dem die Mutter, eine Säuglingsschwester, damals erst verlobt war, hatte seinen Berufsabschluß noch nicht geschafft. Sie heirateten der Schwangerschaft wegen früher als vorgesehen, was bedeutete, daß die Mutter weiterhin berufstätig bleiben mußte. Ingas Geburt verlief normal. Die Mutter stillte sie aber sehr schnell ab, weil das Kind viel zuviel Zeit zum Trinken brauchte und sich dies mit den Zeiten ihres Schwesterndienstes ohnehin nicht vereinbaren ließ. Da es der Mutter aber auch mit der Flasche immer noch nicht schnell genug ging, kam sie auf die Idee, das Kind mit einer Halssonde zu füttern, wie sie es in ihrem Beruf gelernt hatte. Die Nahrung floß jetzt ungehindert und ohne Anstrengung des Kindes in den Magen –

es gab über längere Zeit keine unliebsamen Unterbrechungen in der Mahlzeit mehr. Aber was hier jetzt an Zeit gewonnen schien, erwies sich später hundertfältig als verloren; denn als die Mutter jetzt begann, das Kind mit dem Löffel und mit fester Nahrung zu füttern, mußte sie feststellen, daß das Kind einfach nicht kauen wollte. Es schrie und spuckte, ja, es behielt manchmal die unzerkaute Nahrung über den Schlaf hin im Munde, so daß die Mutter immerzu in der Furcht lebte, daß es sich einmal lebensgefährlich verschlucken würde. Und das Erstaunliche: Inga blieb ein Trinker, ja ein Säufer von Milch und später von Brause, *Essen* wurde wegen des viel zu unbequemen Vorgangs des Kauens seit ihrer ersten Kinderjahre klein geschrieben. Als die Mutter dann bei dem Kind einen allgemeinen Hang zur Passivität entdeckte, begann sie es zu kleinen Dienstleistungen zu zwingen, erregte damit seinen Protest und Widerstand, wurde ungeduldig, griff bald zum Stock und erfuhr, daß das Kind nur unter immer mehr gesteigertem Druck zu bewegen war, etwas zu tun. Spielen lernte es nie – aber es entwickelte unter diesen negativen Erlebnissen einen Trotz und eine Lust am Quälen, daß es in der Familie schließlich kaum noch zu ertragen war. Auch die Schularbeiten erledigte es nur unter Druck. Sonst bummelte es ohne anzufangen und gab, ungeduldig mit dem Fuß stampfend, auf, wenn etwas mißlang.

4. Fütterungsfehler und ihre Folgen

Die Vorgeschichte dieses Kindes mag nun verhältnismäßig selten sein – sie wirft aber ein helles Licht auf das Wesen solcher Störungen, die heute häufiger sind als irgendwelche anderen und die oft in der Fütterungsart und den Erlebnissen des Säuglings bei der Nahrungsaufnahme ihren ersten Ansatz haben.

Im Mittelpunkt derartiger Störungen, die sich infolge von Fehlern in der Fütterung einstellen, steht das Unvermögen auszuharren, bis der Erfolg eintritt, und damit eine unüberwindliche Passivität. Nicht immer handelt es sich dabei um Kinder, deren Antrieb zur Anstrengung auf die gleiche Weise gedrosselt wurde wie bei Inga. Häufig liegt auch das andere Extrem vor: daß diese Kinder gerade in ihrer ersten Lebenszeit nicht ausreichend satt wurden, daß sie mit Hast und Ungeduld oder nach strenger Vorschrift gefüttert wurden, ohne daß das stundenlange, vergebliche Geschrei des kleinen Kindes als ein Gradmesser seines Unbefriedigtseins erkannt wurde. Solche Kinder resignieren schon in ihrer Säuglingszeit in einer spezifischen Art – nach dem Motto: Das, was man erhofft, kommt ja doch nicht. Sie werden auf diese Weise durchtränkt von einem Gefühl der Hoffnungs- und Zwecklosigkeit, der unruhevoll-schlaflos-gespannten Unersättlichkeit. Sie geben deshalb später viel zu schnell auf oder fangen schließlich erst gar nicht an zu arbeiten.

Diesen Kindern fehlt eine wesentliche Erfahrung, die sie als Vorbereitung für eine spätere Arbeitshaltung benötigen, die Erfahrung nämlich, daß nach einem gewissen Maß von Anstrengung auch ein Erfolg, eine Befriedigung eintritt, daß die Unlust des Beginnens sich in die Lust am vollbrachten Werk verwandelt nach dem Sprichwort: Nach *getaner* Arbeit ist gut ruh'n. Kinder, die sich nie anzustrengen brauchten wie unser Sondenkind, und Kinder, die trotz aller Anstrengung nicht befriedigt werden, können später nicht bei einer Arbeit ausharren, weil sie jenes Befriedigungserlebnis als Ergebnis einer geleisteten Arbeit aus der Vorschulzeit nicht mitgebracht haben.

Vielleicht werden jetzt einige Leser denken: Aber wie vorzüglich werden doch heute die Säuglinge ernährt, wie einfach und mühelos durch die Ersatzpräparate der Muttermilch. Vielleicht läßt sich aber gerade durch diesen Einwand die Antwort finden, die ich ausführlich erst im 3. Teil geben möchte. Generell kann man sagen: Das Leben unserer Säuglinge heute ist mächtig zivilisiert – aber nur noch wenig natürlich, und die Gefahr der Schädigung durch Fütterungsfehler ist heute tausendfach größer als bei jenen Völkern, deren Mütter ihre Kinder noch auf dem Rücken tragen.

5. Verwöhnung als Ursache neurotischer Passivität

Die Fütterungsfehler allein machen aber häufig die Schädigung noch nicht aus. Sie sind lediglich ein Ausdruck einer charakteristischen Lebensform und Entfaltungsweise dieser Kinder. Nicht nur schon in der Säuglingszeit werden solche Kinder daran gehindert, sich anzustrengen, so daß sie nicht zur rechten Zeit die vorbereitende Grundlage für das Schullernen erwerben; denn sie können und mögen sich dann auch beim Lernen nicht anstrengen. Der Psychoanalytiker Riemann schildert in seinem Buch „Grundformen der Angst" sehr eindrucksvoll die Entstehungsbedingungen von Arbeitsstörungen, die auf dem Boden einer erworbenen Passivität wachsen. Er macht – wie aus den von mir geschilderten Beispielen schon zu ersehen war – verwöhnende und versagende Haltungen der Erziehenden in erster Linie dafür verantwortlich. Er schreibt:

„Verwöhnende Mütter sind besonders die ausgesprochenen Baby- und Gluckenmütter, die es am liebsten hätten, wenn das Kind klein, hilflos und von ihnen abhängig bliebe. Solche Mütter sehen gleichsam mit Schrecken die Entwicklung ihrer Kinder vorangehen, sie älter und größer werden – das bedeutet für sie: Es entwickelt sich von mir fort, es wird mich bald nicht mehr brauchen, vielleicht nicht mehr lieben, es wird sich anderen zuwenden. So verwöhnen sie das Kind von Anfang an – immer mit der heimlichen Tendenz: dann wird es länger auf mich angewiesen bleiben und weniger Neigung haben, von mir fortzugehen. Sie verwöhnen es (mit allem, Verf.), womit man ein kleines Kind verwöhnen kann, es dadurch fester an sich bindend und von sich abhängig machend. Sie haben auch weiterhin die Neigung, dem Kind alles abzunehmen, vorwegzunehmen, ihm gleichsam alles ‚vorzukauen‘. Die Mutter dieses Typs läßt auch nach Möglichkeit niemanden an das Kind heran, hütet es eifersüchtig wie ihren Augapfel, weil jeder andere ein Rivale, eine Gefahr werden kann, jemand, den das Kind vielleicht auch lieb oder sogar lieber gewinnen könnte. So wird das Kind von ihnen mit sogenannter Liebe überschüttet, weich vergewaltigt ... und seine Eigenimpulse unterdrückt, erstickt in der Watte mütterlich besorgter Liebe."

Das sind nun freilich die Worte eines Mannes. Sie dünken uns hart, aber ich meine, sie sind beherzigenswert. Wir Mütter haben dieses Stück Kritik und diese Warnung vor einem Übermaß sicher nötig. Auch der mütterliche Instinkt – mag er in der abendländischen Kultur noch so sehr verherrlicht worden sein – trägt Gefahren in sich. Er ist eine mächtige Naturkraft und nicht einfach in sich gut. Auch er bedarf der Kontrolle und Steuerung, soll er nicht überwuchernd und übermächtig in das Gegenteil umschlagen: in eine Gefahr für die gesunde Entwicklung des Kindes. Und Großmütter haben diese Warnung bei der Erziehung von Enkeln noch mehr nötig.

Wie zeigt sich übersteigerte Mütterlichkeit, wenn das Kind ins Schulalter eintritt? Sie überläßt auch hier dem Kind keine eigene Initiative. Auch hier wird vorgekaut, was sich vorkauen läßt. Solche Mütter rechnen die Schulaufgaben aus, ehe das Kind auch nur einen Ansatz zum eigenen Denken gemacht hat, sie diktieren die Sätze, die das Kind sich ausdenken soll. Das Kind wird dadurch zusätzlich in seinen Impulsen zur eigenen Schulleistung gelähmt und weigert sich schließlich, überhaupt noch zu arbeiten. Ich sah ein solches Kind einmal mit einem gelangweilten, verdrießlich-überdrüssigen Gesicht in einem Buche blättern und fragte es, ob das Buch spannend sei. „Das lese ich doch nicht", antwortete es daraufhin geradezu beleidigt ob solch einer Zumutung, „ja wenn es so ‚rrrt‘ ginge! Mutter soll kommen und mir vorlesen!"

Hier möchte ich darauf hinweisen, daß unsere wirtschaftswunderliche Lebensart heute allgemein wie so eine verwöhnende, verweichlichende Mutter wirkt. Auch sie hat ein Übermaß an Stoff, an Materie (das Wort kommt von Mater = Mutter) für uns bereit, und zwar – und das ist das Besondere und Bedenkliche heute – nicht *rohen* Stoff, wie von eh und je, Materie, die der Formung durch zuchtvolle geistige Anstrengung harrt, sondern erstmalig in der Geschichte der Menschheit: *vorgekaute* Materie. Die Technik, die zunächst ein geistiger Akt formender Naturbewältigung ist und damit einen echten Fortschritt darstellt, wurde für uns und die Entwicklung unserer Kinder zur drohenden Schwemme. Fernsehen, Auto, Kino, Rundfunk, technisiertes Spielzeug und die ungeheuerliche Erweiterung des Wissensstoffes, das alles ist wie ein riesiges Angebot zur bequemen Sondenernährung und wird damit zur Gefahr, von der Fülle des Stoffes erdrückt zu werden. An die Stelle des erobernden Probierens tritt die tischfertige Stoffservierung, die eine Lähmung der Impulse zum Handeln und Denken zur Folge hat.

Auch die Schule unterliegt heute diesem makabren Zeitgeist, wenn auch jetzt bewußte Anstrengungen gemacht werden, diesem Dilemma der Stoffüberflutung zu entfliehen; denn der sogenannte Begabungsschwund der Kinder, von dem so gern gesprochen wird, ist nicht zuletzt eine zeitbedingte seelische Hemmung, die eine Abwehr gegen das Übermaß und die Last einer nicht verdaubaren Fülle darstellt. Die Lernabwehr der Kinder heute gleicht durchaus den Essensschwierigkeiten jener Kinder, deren Mütter mit einem Überangebot vollwertigster Speisen den Appetit ihrer Kinder zerstören, statt ihn zu fördern, weil diese Kinder gar nicht mehr wissen, was für ein rasanter Motor der Hunger ist.

Auch der *geistige* Hunger ist ein elementarer, eigenständiger Antrieb des Menschen, des Menschen *allein*. Aber dem Menschen allein ist die Freiheit gegeben, ihn zu fördern, zu entwickeln oder ihn zu drosseln, zu lähmen und zu ersticken. Daß es so ist, zeigt sich in einigen, für die Überfütterungsatmosphäre typischen Erscheinungsbildern: in der müden Passivität, in der resignierten Gelangweiltheit und in einer charakteristischen Abwehr. Man lernt und arbeitet nur noch für diejenigen Fächer, die für die Versetzung oder zum Brechen des Numerus clausus von Bedeutung sind. Eine übersteigerte Lernabwehr führt dazu, daß sich dieses bedenkliche Auswahlsystem einschleicht, bedenklich besonders deshalb, weil es von den Schülern nach rein zweckgerichteten Gesichtspunkten praktiziert wird.

Im 18. Jahrhundert lernten die Kinder in Deutschland die Kunst des Arbeitens an wenigen Objekten: vor allem an der Bibel, am Gesangbuch, am Katechismus; bei höheren Bildungszielen am Cäsar, am Livius, am Homer. Das war einförmig, aber eindrucksvoll und verhalf zu einer ausgezeichneten Arbeitsfähigkeit, wie das geistige Niveau Deutschlands im vorigen Jahrhundert beweist. Heute können wir uns dieses Gleichmaß und diese Einfachheit des Lehrstoffes leider nicht mehr erlauben, weil unsere Welt sich durch die Technik zu sehr erweitert und differenziert hat. Wir können das Rad der Entwicklung nicht wieder zurückdrehen. Wir können das Problem nur bewältigen, wenn wir dieser materiellen Fülle, dieser Überschwemmung durch den Stoff, mit einem geistigen Gegengewicht antworten: dem Prinzip der Form, der Auswahl, mit einer betonten zielgerichteten Anstrengung zur Unterscheidung zwischen dem Wesentlichen und dem Unwesentlichen. Es gilt, unsere Kinder davor zu bewahren, von der Fülle des Stoffes in die Formlosigkeit getrieben zu werden. Erst mit Hilfe solcher Beschränkung, mit einem bewußten Kampf gegen bequemmachende Verwöhnung haben wir Aussicht, der fatalen Leistungshemmung der Schüler durch Überfütterung wieder Herr zu werden.

Außerdem müssen wir uns darüber klar sein, daß solche Erscheinungen wie die Stoffüberfütterung in der Schulzeit heute zuerst auf *die* Kinder negativ einzuwirken beginnt, die schon in einer ähnlichen Weise in der Vorschulzeit in ihrer seelisch-geistigen Entwicklung gehemmt worden sind. Solche Kinder sind durch ihre Vorgeschichte schon überempfindlich, speziell gegen Überfütterung, und reagieren mit dem längst eingeprägten, immer gleichen Abwehrmechanismus – bei der Überfütterungsstörung also mit einer Passivität, die für die Erziehenden geradezu verzweiflungsvoll ist.

6. Versagende Erziehungsmaßnahmen als Ursache neurotischer Passivität

Nun aber zurück zu unseren individuellen Mustern – und noch einige Worte über die Mütter, die zu wenig geben, also über die *Versagung* als Ursache einer Aktivitätsstörung. Meist sind sie selbst in ihrer eigenen Kindheit an Liebe zu kurz gekommen. Solche Mütter haben häufig kein Vorbild, keine Erfahrung, was ein Kind im frühen Alter an Zuwendung braucht. So wird ihm zu früh eine Anpassung an Lebensbedingungen zugemutet, die zu schwer, zu hart sind. Es wird in diesem Sinne früh überfordert, und da es sich noch nicht wehren kann, kann es nur resignieren. Das wirkt sich später häufig so aus, daß es die Menschen und die Aufgaben ausschließlich unter dem Charakter der Forderung erlebt.

Ein Beispiel: In einer Professorenfamilie standen die Eltern vor einem Rätsel, warum ihre vier Kinder nicht zum Lesen zu bewegen waren und dadurch in der Schule sämtlich nur kümmerliche und bedrohlich schlechte Leistungen aufzuweisen hatten. Es ergab sich dann, daß der Vater eine strenge Auswahl des Lesestoffes selbst vorzunehmen pflegte: Die Kinder, auch die kleinsten, hatten pflichtgemäß klassische Literatur – Stifter und Raabe – zu lesen. Guter, kindgemäßer Lesestoff wurde als Zeitverschwendung gebrandmarkt und des Hauses verwiesen. Die geradezu groteske Folge war eine Lahmlegung allen Wissensdurstes (Wissens*durst* – wie unsere Sprache so schön sagt) in einem Hause, in dem der Wert geistigen Lebens sehr groß geschrieben wurde und wo dazu in den Kindern auch sicher der Anlage nach gute Gaben vorhanden waren!

Wenn also durch anhaltende Fehler in der Fütterungsart und generell in der Art, den Kindern zu geben – ganz gleich ob leibliche oder geistige Nahrung – diesen die Möglichkeit zum *Zupacken* verbaut wird, wenn der hungrige Antrieb zum *Zugreifen* durch übersteigerte Forderungen und durch stoffliche Überfülle oder durch zu wenig Nahrung, durch ein zu geringes Maß an Forderungen gedrosselt wird, kann ein Kind weder beim Essen noch beim Lernen den rechten Appetit entwickeln. Das Pendel saust zwischen Resignation, Überdruß und anspruchslicher Gier hin und her. Zusätzliche Fehlverhaltensweisen aufgrund dieser Lücken im Vermögen sind die Folge.

Wir können daraus lernen: Arbeitsstörungen bei Kindern entstehen heute mehr als aus irgendeinem anderen Grunde durch unangemessenes Darbieten des Stoffes. Das fängt bei der Sondenfütterung an, geht über den zu weiten Sauger bei der Säuglingsflasche, über das technisierte Spielzeug, über das Schulvielerlei bis zur Dauerberieselung mit lauter Musik und Fernsehen und schlägt mit einer traurigen Konsequenz: mit *Faulheit*.

7. Sabines Vorgeschichte

Ich möchte mich nun der Vorgeschichte des Kindes Sabine zuwenden. Sabine hatte in der Schule versagt, weil sie keinen Mißerfolg ertragen konnte. Sie war so leistungsbemüht, daß sie gerade durch diese Überbewertung der Schulleistungen, den Überanspruch, daß die Arbeiten *absolut* fehlerfrei sein müßten, scheiterte.

Sabine war das einzige Kind ihrer Eltern. Sie wurde von der damals 35jährigen Mutter normal geboren, war lang ersehnt und freudig begrüßt und ein Dreivierteljahr lang gestillt worden. Die Säuglingszeit war befriedigend und harmonisch verlaufen. Die großen Schwierigkeiten mit Sabine hatten erst begonnen, als sie mit $1^{1}/_{4}$ Jahr laufen konnte und die Mutter auf Schritt und Tritt versuchte, sie am Fallen und am Schmutzigmachen zu hindern. Die Mutter verherrlichte das Kind in einer unecht anmutenden Weise. So sagte sie wörtlich: „Sabine war wie ein Prinzeßchen, ich kleidete sie gern in Weiß, mit einem hellblauen Band in den goldblonden Locken. Nichts war mir gut genug für dieses Kind und keine Stunde des Tages versäumte ich, sie vor allem Kummer und vor allem Schmutz der Welt zu bewahren." Sabine wurde ängstlich von anderen Kindern ferngehalten, damit sie sich nicht etwa durch Bazillen anstecken könne. Die Mutter war mit viel Strenge um eine rasche Sauberkeitsgewöhnung des Kindes bemüht. Schon am Beginn des zweiten Lebensjahres habe sie keine Windeln mehr gebraucht. Sabine war während ihres gesamten Tageslaufs von Anweisungen umgeben. Sie war auch zunächst ein sehr braves Kind, sammelte der Mutter schon mit drei Jahren die Fusseln vom Teppich und wußte beim Aufräumen immer alles an den richtigen Platz zu stellen. Aber dann sei sie häufig sehr ungezogen geworden, habe sich wild schreiend auf den Boden geworfen und der Mutter sogar vor fremden Leuten Szenen gemacht, ja sie gekratzt und gebissen. Sie habe diese Ausbrüche mit dem Stock, vor allem aber mit der Bemerkung bekämpft: „Pfui, nun bist du mein Kind nicht mehr!" – wodurch Sabine aufgeregt und voller Reue Besserung versprochen habe. Leider habe sich bei Sabine im Laufe der frühen Kinderjahre eine große allgemeine Ängstlichkeit und vor allem eine Ungeschicklichkeit und Langsamkeit in den Bewegungen eingestellt, so daß sie noch heute mit einem steifen Gang sich wie schlurfend über den Boden bewege, als wolle sie jeden Schritt, den sie tut – ähnlich wie ein Blinder –, vorher auf seine Sicherheit prüfen. Sie sei infolgedessen eine sportliche Niete und da sich nichts Mädchenhaft-Fließendes in ihrer Haltung und ihren Bewegungen auszubilden scheine, vermuten die Eltern, daß sich Sabines Fähigkeiten doch wohl mehr in ihrer Klugheit als in ihrer Schönheit zeigen würden. Sie legen daher mit der schon früher geübten Genauigkeit und altbewährten Befehlsgewalt außerordentlich großen Wert auf gute Leistungen des Kindes in der Schule. Sie bekommt die guten Schulnoten vom Vater bezahlt, während die Note „befriedigend" bei den Eltern Entrüstung auslöst. Das, meinen sie, habe ihre Tochter nicht nötig.

Es wird nicht schwerfallen zu verstehen, inwiefern Sabine durch die Haltung der Eltern in eine Leistungskrise hineingetrieben wurde. Sie hatte längst die Erfahrung gemacht: Geliebt werde ich nur, wenn ich fehlerlos bin. Der Zwang zur Fehlerlosigkeit hatte aber eine so schwere Einengung zur Folge, eine so große Kette von Vermeidungen – auch von lebenswichtigen Impulsen, wie zum Beispiel denen zum freien Toben in freier Wildbahn, die der Ausbildung der Muskulatur und der Körperbeherrschung dienen –, daß das Kind im Laufe der Zeit immer größere und immer krampfhaftere Ordnungs- und Sauberkeitshandlungen durchführen mußte, um die Impulse nach eigenwilliger Entwicklung zu unterdrücken. Das Arbeitstempo des Kindes verlangsamte sich dadurch, die Gedanken wurden immer ärmer und leerer, die Angst, etwas falsch zu machen und sich dadurch zu versündigen immer größer, so daß es schließlich zu einem Leistungsversagen in der Schule kam. Diese Entwicklung zu einer zwangsneurotischen Struktur aber schließt unter einer strengkorrekten Fassade nicht nur die immer lauernde Gefahr des unertragbaren Mißerfolges ein, sondern auch die ständige Bereitschaft zu Unordnung und Gewalt.

8. Die Drosselung des Eigenwillens von Kleinkindern und ihre Folgen

Die übersteigerte Herrschsucht, der Durchbruch zum alleinmächtigen Willen, entsteht gerade deshalb in überkorrekten Naturen, weil der Wille solcher Menschen in der Phase der Willensentwicklung – in der Zwei- bis Vierjährigkeit – eine derartige Drosselung erfahren hat, daß die entscheidende Erfahrung fehlt: Ich kann es ruhig einmal wagen, auf eigene Faust etwas zu tun; wenn ich dabei einen Fehler mache, ist das gar nicht so schlimm!

Wie soll ein Kind in der Schule lernen können, ohne daß es

seinen eigenen Willen ausgebildet hat? Wie soll es etwas leisten, wenn sein Wille in der Entwicklungsphase, in der er sich entfalten muß, mit „Dressurmaßnahmen" gebrochen wird? Alle Konzentrationsfähigkeit, alle Fähigkeit zum konstruktiven und eigenschöpferischen Gestalten baut auf einem gut entwickelten, kräftigen Wollen auf – ist dieses Wollen gedrosselt, krankverbogen, so entstehen zwei große Gefahren. Entweder identifiziert sich das Kind mit den Wünschen seines Dresseurs, macht die Forderungen der Erzieher zu seinen eigenen und versagt dann häufig an dem Zwang zur Vollkommenheit, oder es gerät in ein anderes, für sein Leistungsniveau bedenkliches Dilemma: Jedes Kind macht in der Phase der Willensentfaltung zwischen dem zweiten und vierten Lebensjahr natürlicherweise eine Trotzphase durch. Am Machtkampf mit den übermächtigen Erziehern schärft es das wichtigste Instrument zu aller späteren Arbeit: seinen eigenen Willen. Fällt diese Trotzphase aus, weil jeder eigene Impuls des Kindes auf Widerstand und Strafe oder auf allzu große Nachgiebigkeit von seiten der Erzieher stößt, so kann es leicht sein, daß die gedrosselte Natur durchbricht in einem Alter des Kindes, in dem es gesunderweise schon beginnt, sich planvoll anzupassen; nämlich erst im Schulalter. Der Protest wirkt sich dann sehr ungünstig bald auch auf die Leistungen in der Schule aus, weil das Kind – freilich ohne es selbst zu wissen – auf diese Weise gegen die einengende Dressur oder gegen das Fehlen von Grenzsetzungen meutert.

Treffen also Krabbelkinder in der Kinderstube auf extrem pedantische, überordentliche und mächtig autoritäre oder unter aufopfernder Pflichterfüllung nachgiebige, aber dennoch versteckt herrschsüchtige Erzieher, so wird eine solche Leistungsstörung außerordentlich begünstigt: Mütter von zwanghaften Kindern sind oft selbst zwanghaft. Sie putzen häufig in ihrem Hause weit über das gesunde Maß hinaus, ja über alles Maß ihrer körperlichen Kraft. Die übertriebene Sauberkeit ist aber in ihrer Maßlosigkeit nichts anderes als ein nach draußen verlegter Kampf gegen die in ihrem eigenen Innern andrängenden Impulse zum sprudelnd Lebendigen. So wie sie das Lebendige in sich abwehren müssen, weil es vielleicht einmal unberechenbar und fehlerhaft sein könnte, so beginnen sie auch schon früh, diese Impulse zur unbekümmerten, heiteren Preisgabe an den Augenblick bei ihren Kindern einzuengen und zu unterdrücken. Oft sind aber die Leiden, die solche Eltern in der Schulzeit mit ihren Kindern erleben, hart und tragisch. Wie unerträglich, wie schmachvoll, wie geradezu als Katastrophe erscheint es ihnen, daß ihre Kinder ausgerechnet in den schulischen Leistungen versagen!

Gewiß können auch Kinder mit solcher Schädigung sich noch günstig entwickeln, wenn sie jetzt in einer besonderen Weise richtig beeinflußt werden. Sie können sich aber auch in der Schulzeit, wird der gleiche starre Grundsatz immer weiter verfolgt, beträchtlich verschlechtern. Neulich wurde mir so ein Kind vorgeführt. Es hatte, vom Vater befohlen, täglich mehr als zehnmal eine Schularbeit abschreiben müssen, weil sie diesem immer noch nicht vollkommen genug erschienen war. Häufig waren Vater und Sohn bis nach Mitternacht mit dieser Quälerei beschäftigt, was dazu führte, daß das Kind gänzlich versagte und von zu Hause fortlief.

Wir können also konstatieren: Solches Schulversagen, wie das von Sabine, basiert häufig auf einer leistungsüberfordernden Haltung der Erzieher. Dabei kommt es weniger auf die Menge der Forderungen an als auf die Art, *wie* sie gestellt werden, und auf den Druck, der auf die Kinder ausgeübt wird. Die Arbeit wird unter solchen Verhältnissen nicht als ein sinnvoller Vorgang, als eine freiwillige Gabe, sondern als Nötigung empfunden. Die Gefahr, an Überforderungsstörungen im Schulalter zu erkranken, wird in bestimmten Familien dadurch erhöht, daß das Üben für die Klassenarbeiten heute mehr denn je zu einer Angelegenheit des Elternhauses geworden ist.

9. Thomas' Vorgeschichte

Wir wollen uns der Geschichte des kleinen Thomas zuwenden. Thomas, der Flatterhafte, der Flüchtige, der kleine Clown, der in der Schule versagte, weil er planlos und unkonzentriert bei seiner Schularbeit war. Wie sieht seine Vorgeschichte aus?

Thomas war der zweite Sohn seiner Eltern. Er hatte einen um fünf Jahre älteren Bruder, der glänzend begabt war, vor allem, den Wünschen der Mutter entsprechend, musikalisch, so daß Mutter und Sohn sich schon bald zu vielen Musikstunden und Übungen mehr und mehr vom Familienleben absonderten. Der Kleine, meinte die Mutter, sei ja wohl drollig, aber doch nicht ganz ernst zu nehmen. Er störe so häufig ihre besinnlichen Musikstunden und sei nur mit Strenge davon abzuhalten, diese törichten Störversuche fortzusetzen. Es habe ihr deshalb auch gar nicht so sehr viel Spaß gemacht, sich mit diesem kleinen, meistens dreckigen Wilden zu befassen. Er sei ihr auch unangenehm und viel zu ungestüm gewesen, wenn er sich an sie herangedrängt habe und mit ihr habe schmusen wollen. Aber manchmal habe doch die ganze Familie über seine lustigen schauspielerischen Gaben lachen müssen.
Dieser Junge, der offenbar eine gesunde Säuglingszeit und Kleinkinderzeit durchgemacht hatte, geriet in einen seelischen Konflikt also erst verhältnismäßig spät: nämlich als der ältere Bruder ihn durch sein Können auf dem Klavier in den Augen der Mutter wesentlich entthronte. Thomas wurde so wenig anerkannt, daß sich eine Beeinträchtigung in seinem Selbstwertgefühl herausbildete, die es ihm aus dem Gefühl „Du taugst ja doch nichts" unmöglich machte, einen Arbeitsplan so durchzuführen, daß er auf Anerkennung hoffen konnte.

10. Fehlende Anerkennung und Planlosigkeit im Umgang mit Kindern

Der Mangel an Anerkennung führt häufig dazu, daß das Kind an seinen eigenen Wert nicht glaubt, so daß es den Wegweiser für seine Handlungen nicht aus sich selbst, sondern durch Nachahmung der Haltungen anderer beziehen muß. Stößt ein Kind in diesem Alter mit seinen Zärtlichkeitsimpulsen, mit seinen Impulsen nach Anlehnung und liebender Bestätigung auf Ablehnung oder Verbote, wird es mit seinen Fragen, Wünschen und Nöten allein gelassen, so werden meist sehr zeitig alle mit solchen Wünschen verbundenen Vorstellungen unterdrückt. Deshalb ist das Thema: Wie verschaffe ich mir Anerkennung?, ohne daß es ihnen selber bewußt wäre, so drängend in diesen Menschen. Mit Geltungssucht, Clownerie, Brillieren und Großmannssucht versuchen sie ihr Ziel doch noch zu erreichen bei gleichzeitiger, kaum überwindbarer Angst, daß sie sich an einen anderen Menschen ausliefern könnten. Diese Entwicklungslinie nimmt bei den Kindern, die solche Probleme haben, einen zwingenden Charakter an, so daß es ihnen nicht gelingt, ihr Handeln nach eigenem Plan und zielbewußter Initiative einzurichten und die Möglichkeit, durch konzentrierte Arbeit Anerkennung zu erreichen, auch nur ins Auge zu fassen. Kräfteverschleißend wechseln geltungssüchtige Impulse mit der Furcht vor der Bindung an einen Partner ab.

Häufig sind aber auch Kinder, die eine derartige Charakterstruktur entwickeln, in einer Umwelt groß geworden, in der selbst eine hektische Planlosigkeit herrscht. Oft sind die Eltern solcher Kinder nicht in der Lage, ihnen Ruhe, Stetigkeit und einen geordneten Rahmen im Alltag zu bieten. Das mag an der äußeren Situation und an der Berufslage liegen, manchmal schwanken die Erziehenden aber auch selbst in abrupt sich ändernden Stimmungslagen verschiedenster Tönungen hin und her, Tränen der Verzweiflung und Stürme von Zärtlichkeit wechseln häufig und in rascher Folge miteinander ab. Solche Eltern erziehen mit Ungleichmäßigkeit und Willkür, die sie bei den Kindern klagsam tadeln, bei sich selbst aber nicht wahrnehmen. Die Eindrücke, die die Kinder auf diese Weise zu verarbeiten haben, wechseln viel zu rasch und geben keine Richtung, keine Stützen, keine Festigkeit, keinen Schutz.

Hier nun lassen sich abermals Parallelen ziehen zu den Störfeldern, die durch unsere Lebensweise heute allgemein entstehen. Sie sehen zum Teil genauso aus wie die Leistungshemmungen, die durch eine richtungslose und alleinlassende Erziehung im Einzelschicksal sichtbar werden: Unsere westliche Lebensart stellt nicht nur einen verwöhnenden, überfütternden Umwelteinfluß dar, sondern sie wirkt außerdem wie eine große *planlose* Erzieherin durch den raschen Wechsel wahllos hingeworfener, oft aufwühlender Reize, denen es häufig genug an ethischer Fundierung, an richtungsweisender Kontrolle mangelt. Kriminelle und sexuelle Themen in Film, Fernsehen, Videos, Computerspielen und Illustrierten werden der Jugend wahllos und verantwortungslos unterbreitet. *Und dann werden sie damit allein gelassen,* denn viele Erwachsene wissen nicht, wie sie ihren Kindern ohne ablehnende Vorurteile eigene handfeste, richtungweisende Standpunkte und Informationen in diesen Fragen darlegen sollen. Der Mangel an Festigkeit und Gerichtetheit der Führung, die fehlende Sicherheit im Geleit wirken auf die Jugend heute geradezu hysterisierend, so daß die Flüchtigkeit, Unzuverlässigkeit und der Mangel an verantwortungsbewußter Steuerung in der Arbeit schon im Schulalter als allgemeine Wesenszüge unserer westlichen Welt sichtbar werden.

Auf dem Boden dieses Alleingelassenseins in Fragen des Leitbildes, der körperlichen Reife und der Geschlechtlichkeit wachsen heute immer noch zahllos die Leistungshemmungen in der

Pubertätszeit. Die großtuerische Haltung, die glauben macht, man habe es mit den abgebrühtesten Bürschchen zu tun, ist häufig nur eine Maske, hinter der alle Angst, alle Hilflosigkeit und alle Not der Jugendlichen steckt, die darüber hinaus mit einer frühen körperlichen Reife beladen sind. Weil also der Geist unserer Zeit teilweise verwöhnende und teilweise richtungslose Züge trägt, deshalb zeigen viele Jugendliche heute jene typischen Leistungshemmungen depressiver und hysterischer Struktur: sie sind passiv-träge, planlos-unstet und unter einer Maske von gespannter Unsicherheit voller Angst und Bindungslosigkeit.

III.
Elterliche Aufgabenbereiche im Erziehungsgeschehen

Schon ihrem Grundwesen nach sind das mütterliche und das väterliche Element verschieden. Dem mütterlichen Element sind die natürlichen Lebensvorgänge viel näher – den gebärenden, den umhüllenden, den hegenden Vorgängen ist es zugeeignet –, aus ihrem Stoff wächst das neue Leben. Stoff, Erde, Materie, Gebären, Fruchttragen und Umsorgen – diese Vollzüge sind mütterlichem Sein in einer viel stärkeren Weise zugeordnet als dem väterlichen. Deshalb ist die Säuglings- und Kleinkindzeit so vordringlich Mutteraufgabe. Hier vollzieht sich die Entwicklung der Antriebe, von denen schon gesprochen wurde.

Im Gegensatz zur stofflichen Natur des mütterlichen Elementes ist dem väterlichen vielmehr die *formende* Kraft, das geistige Vermögen und das rationelle Planen und Gestalten zugeeignet.* Wir sprechen von Mutter Erde und Gott Vater – vergänglichem Leben und unsterblichem Geist. Es würde in diesem Rahmen zu weit führen, wenn wir diese Gedanken weiter ausführen würden, aber eins ist wichtig: Die väterlichen Elemente haben zu jeder Zeit eine große Bedeutung im Erziehungsprozeß, am meisten aber für die älteren Kinder; denn jede Menschenentwicklung vollzieht sich vom Stoff zur Form, von der Materie zum Geist – von der Vorherrschaft des Gefühls zur geistigen Urteils- und Entscheidungsfreiheit.

---

* Neue Forschungsergebnisse der Psychologie und Neurologie der Geschlechter zeigen auf, daß diese Unterschiede z. T. auf angeborenen hirnorganischen Unterschieden beruhen, die bereit im Kleinkindalter sichtbar werden. S. E. Sullerot, Die Wirklichkeit der Frau, München 1979 S. 341 ff.

Immer bleiben die früheren Elemente in einem gesunden Entwicklungsablauf als tragender und fördernder Grund erhalten und verfügbar. Wir können aus dieser Einsicht in das Grundwesen von Mütterlichkeit und Väterlichkeit ersehen, daß das Vorbild des Vaters ebenso wichtig ist wie das der Mutter, sein stärkstes Gewicht aber in der Jugendzeit bekommt, wenn die Verstandeskräfte, die Abschätzung von Wert und Unwert, wenn Ordnung, Planung, Zucht und Verzicht als geistige Formkräfte ausgebildet werden wollen.

Diese erziehenden Kräfte von Vater und Mutter sind so wesentliche Grundelemente unseres Lebens überhaupt, daß eine gemeinsame Wirkung *beider* dem Kinde nötig ist.

Da in den vorangehenden Abschnitten schon viel davon die Rede war, welche mütterliche Haltungen zu seelisch bedingten Arbeitsstörungen ihrer Kinder führen können, wollen wir jetzt lediglich auf Verhaltensweisen der Mütter eingehen, die wir als entfaltungsbegünstigend ansehen. Im Anschluß daran, sollen eingehender Verhaltensweisen von Vätern beschrieben werden, die einen positiven oder negativen Einfluß auf die Arbeitsfähigkeit ihrer Kinder haben.

1. Mütterliches Verhalten

Glücklicherweise besitzen viele Frauen auch heute immer noch den richtigen Sinn für das richtige Maß, für das ihrem Kind angemessene, erziehende Handeln. Zum Maß gehört vor allem die Gleichmäßigkeit, die nicht überwärmt, aber auch nicht überkühlt, die zur rechten Zeit das rechte Wort und das rechte Tun findet. Mütter mit dieser Haltung sind nicht von der eigenen Stimmung und Ungeduld abhängig. Sie erziehen nicht schimpfend und prügelnd, sondern in Ruhe und Vertrauen. Sie können in Geduld abwarten. Mehr als zu anderem Tun auf der

Welt gehört die Geduld zu den Eigenschaften echter Mütterlichkeit, eine Geduld, die sich bereit hält, die abwarten kann.
Solche Mütter sind einfach da – befriedigen die natürlichen Bedürfnisse ihrer Kinder, aber ohne daß sie sich mit einer übersteigerten Erziehungswut auf das heranwachsende Wesen stür-
zen. Solche Mütter unterlassen eine verfrühte und verbiegen-
de Aktivität in der Erziehung – sie lassen ihren Kindern in körperlicher und seelischer Hinsicht Spielraum zum Einüben der
Entwicklungsschritte, aber sie verstoßen ihre Kinder auch nicht
in eine ordnungslose, alleinlassende Freiheit, sondern geben
ihnen eine behütete Freiheit. Solche Mütter opfern nicht in
einer übertriebenen Weise ihr gesamtes Eigenleben, indem sie
sich an ihre Kinder ketten, sie ketten auch nicht ihre Kinder an
sich, indem sie sie keinen Schritt allein tun lassen. Sie setzen
Ordnung, indem sie sinnvolle Ordnung, nicht überspitzte Ordnung vorleben, und sie lassen die Kinder an sich herankommen,
mit ihren Wünschen, ihren Fragen und mit ihrem Bedürfnis
nach Liebe und Zärtlichkeit. Solche Mütter überschätzen nicht
die materielle Zivilisiertheit in der Kleidung der Kinder, in der
Unversehrtheit der Wohnung, in der übertriebenen Beobachtung der Essensmengen – sie ordnen diese Dinge dem Primat
in der Erziehung unter: dem guten, vertrauenden, liebevollen
Verhältnis zu ihren Kindern. Solche Mütter richten sich in ihrem
Familienleben nicht danach, was die Nachbarn für richtig halten, nicht danach, was dem Ansehen entspricht, sondern sie
haben eine eigene Meinung darüber, was für ihre Kinder gut
und richtig ist – und wenn diese noch so sehr von den Nachbarn geschmäht wird. Solche Mütter haben auch ein sicheres
Gefühl dafür, wieviel erfolgreicher die positiven Erziehungs-
mittel: Lob, Belohnung, Anerkennung und Güte sind als die
negativen Erziehungsmethoden, die das Leben der Mutter oft
zu einer schweren Last machen, weil sie immer die Gefahr in
sich schließen, negative Wirkungen zu produzieren: Trotz, Un-

ordnung, Ungehorsam, Abwendung, Trägheit als Entmutigung sind die logische Folge eines Übermaßes negativer Erziehungsmethoden.

Eine Mutter hat es auch nicht nötig, im Kleinkindalter zu moralisieren. Sie läßt dem Gewissen Zeit, sich zu entwickeln und spart die unnötigen, verfrühten und oft sinnlos ängstigenden Worte – und nicht zuletzt: eine Mutter kann verzeihen und lächelnd die Aggressionen der Trotzphase, die ja vornehmlich gegen die Mutter gerichtet sind, überwinden. Sie setzt wohl einmal mit einem kurzen, energischen Wort Grenzen der Ausgelassenheit – aber sie trägt nicht nach, hält sich nicht für unfehlbar und verlangt nicht von ihren Kindern, sie wie eine Göttin anzubeten. Aber sie pflegt von früher Jugend an mit ihren Kindern eine freundschaftliche Aufrichtigkeit. Sie zieht zwar nicht überfordernd ihre Kinder zu früh in die Welt der Erwachsenen hinein – aber sie vermeidet es, ihre Kinder zu belügen und ihnen Grundfragen ihrer Existenz unbeantwortet zu lassen. Mütterliche Frauen empfinden auch, daß Angst ansteckend wirkt und laden nicht ihre eigenen Ängste und Nöte wie einen verwirrenden, finsteren Berg auf ihre Kinder ab. Für solche Mütter ist Erziehen keine Aufgabe, die der „Widerspenstigen Zähmung" gleicht – sie predigen und belehren nicht, aber sie sind für ihre Kinder da.

2. Neurotische Vatertypen

In diesem Zusammenhang noch ein Wort zu der ebenso wichtigen Erzieherperson: dem Vater. Er trägt zwar vom ersten Lebenstag seines Kindes auch erzieherische Verantwortung, aber die hauptsächlichen erzieherischen Funktionen liegen mehr in der späteren Kindheit, vor allem in der Jugendzeit. Zu dem Verhalten der Jugend steht das Verhalten der Väter oft in einer außerordentlich aufschlußreichen Korrelation. Zunächst möchte ich aber auf die väterlichen Einflüsse in der frühen Kindheit hinweisen. Diese sind zunächst nicht so erheblich wie die der Mütter – und doch lassen sich einige Störungsfaktoren, die vom Vater ausgehen können, nicht übersehen. So sind es vor allem die Trinker, die durch ihr zügelloses Verhalten Verwirrung, Angst und Störung auch bereits bei kleinen Kindern hervorrufen können. Es liegt auf der Hand, daß kleine Kinder, wenn sie häufig an den Gewitterstürmen eines randalierenden, Frauen und Kinder ohne Grund prügelnden Vaters beteiligt sein müssen, Existenzangst, Haß und Weltverneinung entwickeln. Sehr oft werden diese Gefühlsgestimmtheiten aber unter dem Druck von Angst und Schuld verdrängt und treten als neurotisches Symptom, als Phobie, als Einschlafstörung, als Wegläufertendenz wieder an die Oberfläche.

Zwangsneurotische Väter pflegen häufig durch ihre pedantische, nach einem starren Prinzip ausgerichtete Erziehungsmethode schon im Kleinkindalter böse einzuengen. Denn da zwangsneurotische Väter ihrer Hemmung gemäß von einer pflichttreuen Übergewissenhaftigkeit getrieben werden, beginnen sie schon sehr früh, ihre Allmacht in der Erziehung geltend zu machen. Stramme Haltung – Arbeit und Schlaf – aber nicht Spiel, Freude und Frohsinn – werden von solchen düsteren Vaterpersönlichkeiten wie eine Verfinsterung in das Spielalter ihrer Sprößlinge hineingetragen. Man lese nur die zahllosen Biographien der Dichter, die ihre Kindheit im 19. Jahrhundert in Deutschland verlebten. Z. B. die über den Arzt Schreber und die barbarischen Erziehungsmethoden, die er seinen Söhnen angedeihen ließ – und man wundert sich nicht mehr, daß nach einer allgemein so die Freiheit, den Spielraum und den Bewegungsdrang der Kinder einengenden Erziehung ein Zeitalter der grauenhaftesten Kriege anbrach. Diese strengen, übermächtigen, nicht gesund autoritativen, sondern

krampfhaft autoritären Väter pflegen nämlich außerdem noch
außerordentlich reizbar und stimmungslabil zu sein – eine wohl-
bekannte Schwäche bei Überbeherrschtheit. Sie hat nicht selten
Anfälle von Jähzorn zur Folge. Furcht und Zittern zu verbrei-
ten, läßt sich mit den düsteren Erziehungszielen solcher Väter
ohne weiteres vereinen. Sie ahnen dabei oft nicht, daß sie selbst
im Grunde nicht überlegene Herrscher, sondern nur Opfer einer
traurigen Fehlerziehung sind, und daß sie an ihren Kindern
nichts anderes vollziehen als eine ähnliche Fehlentwicklung *.

Auch den hysterischen Vater gibt es, den geltungssüchtigen,
unsteten, ungetreuen, den flatternden Röcken und flatterndem
Ruhm nachjagenden Mann – in der Familie pflegt er im allgemeinen durch Abwesenheit zu glänzen. Er kommt einmal als
der maßlos verwöhnende, mit Geschenken und Zärtlichkeiten
überhäufende Papi dahergebraust – um ebenso schnell alle wieder allein zu lassen.

Und ähnlich wie die Fehlhaltung der Mutter für den kleinen
Jungen in seiner besonderen Weise gefährlich ist, so sind es diese väterlichen Fehlhaltungen für das kleine Mädchen noch in
einer zusätzlichen Weise. Wie die Mutter für den Jungen das
Leitbild der Frau ist, wie es von ihrem Verhalten abhängt, ob
ein Mann später einen warmen, partnerschaftlichen Bezug zu
einer Frau entwickeln kann, so ist der Vater für das kleine
Mädchen das Leitbild des Mannes. Ob es später warmes, zu-
wendendes Vertrauen zum anderen Geschlecht entwickeln
kann – oder ob es immer wieder lähmende Angst – dieselbe lähmende Angst der Kindheit vor seinem Vater – befällt, wenn es
in einen engeren Kontakt zu einem Mann treten will, ob es zeit
seines Lebens weiter nach dem verwöhnenden Schenkonkel
sucht, (der aber da ist!) das alles hängt sehr von dem Bild des
Vaters ab, das ein Mädchen für sein eigenes Leben mitbringt.

* M. Schatzmann, Die Angst vor dem Vater, Hamburg 1974.

Auch sensible kleine Mädchen, die einen harten, mißhandelnden Vater haben, finden oft keinen Kontakt zu Männern. Später, falls ihre Sensibilität mit starker Sexualität gepaart ist, zeigen sie dann gelegentlich lesbische Neigungen.

3. Väterliches Verhalten und die geistigen Führungsaufgaben des Vaters

Aber es gibt auch heute noch den ausgeglichenen Vater, der in Weisheit und Geduld den Zeitpunkt ertastet, in dem es nötig ist einzugreifen, der sich nicht scheut, erzieherische Verantwortung maßvoll zu übernehmen und in echter gelassener Autorität seiner Familie seelischen und materiellen Schutz angedeihen läßt, und der sich dem seelischen Gedeihen seiner Familie verpflichtet weiß. So ein Vater läßt einen Jungen nach seinem Bild, durch sein Vertrauen und seine Liebe männlichen Verhaltensweisen zustreben, so ein Vater bietet dem kleinen Mädchen das erste Modell zärtlicher, beschützender Partnerschaft.

Mit der Schulzeit wachsen von den geistigen Anforderungen her, die an das Kind herangetragen werden, dem Vater immer mehr direkte Erziehungsaufgaben zu.

An dieser Stelle scheint es mir notwendig, auf die seit den fünfziger Jahren zunehmende Opposition unter den Jugendlichen einzugehen. Die Ratlosigkeit in der Generation der Väter läßt nämlich auf einen blinden Fleck in ihrem Bewußtsein schließen; denn nicht an psychologischem Verständnis mangelt es der Jugend, nicht an materieller Versorgung, sondern an *geistiger Führung*! Der Sinn und die Aufgabe der Pubertät ist eben nicht allein die Befreiung aus den kindlichen Bindungen, sondern vor allem die des Hineinwachsens in höhere Ordnungen, in größere Gemeinschaften, bedeutet dem Erwachen des Wertstrebens und der geistigen Entwicklung gemäß ein Suchen danach, sich an geistigen Werten zu orientieren, an Werten, die echt und unmittelbar und wahr sind.

Muchow bringt folgende Zitate von Jugendlichen: „Wir haben die Lehrer nicht gehaßt. Haß ist etwas, das auch noch nachmittags, nach der Schule anhält und einen sogar im Traum beschäftigen kann. Nein, gehaßt haben wir sie nicht. Das lohnt sich nicht, dazu sind sie viel zu wenig. Wir haben sie im Grunde immer verachtet. Sie fragen warum? Weil sie nichts Eigenes brachten, alles nur nachplapperten, aber nie eine eigene Stellung nahmen. Nichts kam aus dem Herzen. Die Religionsstunden waren eigentlich immer die Probe aufs Exempel. Wer nur in der Bibel lesen ließ, ein paar Erklärungen gab und im übrigen so daherredete, wie der Pastor auch schon im Konfirmationsunterricht, das waren die, die wir verachteten. Natürlich fügten wir uns äußerlich einigermaßen, um keinen falschen Ärger zu haben und keine Beschwerden nach Hause zu kriegen. Wir waren sogar manchmal nett zu ihnen und schmeichelten ihnen, um sie uns gefällig zu machen. Aber innerlich, da waren sie Luft für uns! Imponiert haben uns eigentlich nur Lehrer, wo man merkte, daß sie selbst ein Urteil wagten, das aus dem Herzen kam. Dann war plötzlich alles wie neu."

Diese Schüler sagten deutlich, unter welcher Voraussetzung Werte für Jugendliche lebendig werden und überzeugend wirken: wenn sie aus dem Herzen kommen, wenn sie also von dem Erziehenden auch wirklich gelebt werden, wenn die ganze Lebendigkeit der eigenen Auseinandersetzung hinter seiner Belehrung steht. Die Jugend heute braucht keine papierenen Ideale, sie braucht im Grunde auch heute noch persönliche Vorbilder, die Träger echter Werte darstellen, Werte wie: Mitmenschlichkeit, Hilfsbereitschaft, Freundschaftlichkeit, Toleranz, aber ebenso die Festigkeit einer aus Erfahrung gewonnenen Erkenntnis über Gut und Böse, Recht und Unrecht, Ordnung und Unordnung. Hier wird mit einer geradezu verblüffenden Konsequenz der geistige Substanzverlust der Erwachsenen deutlich.

Wodurch zeichnet sich die Jugend heute aus? Durch Gestaltlosigkeit, durch Formlosigkeit, durch Understatement, das heißt durch Gefühlsuntertreibung, durch Gelangweiltheit. Für das romantische Pathos der Erwachsenen, für das Pathos von Ehre, Pflichterfüllung und Kirchentreue hat sie nur ein ironischmüdes Achselzucken, sie will lieber den Egotrip oder den Krawall als die verlogenen alten Formen, die die Erwachsenen der Nachkriegszeit nur wie eine alte Hose wieder angezogen haben, als die Welt wieder bürgerlich wurde nach 1948. Diese alten Werte sind deshalb für viele in der Erwachsenengeneration heute ein leeres Klischee, sie sind nicht der Grund, auf dem sie stehen mit einer echten Überzeugung. Wir haben unsere Häuser nach 1948 wieder aufgebaut, wir haben den Hunger und die Kälte besiegt, aber die geistige Erneuerung ist ausgeblieben, denn die alten Normen waren in dem entsetzlichen Betrugsmanöver des Dritten Reiches entwertet worden. Wie wenig und in welchem Ausmaße sie nicht mehr tragfähig waren und sind – das wird uns in dem Phänomen der Gestaltlosigkeit der Eltern- und Jugendgeneration heute wie von einem schonungslosen Spiegel offenbar gemacht. Gestalt, Form, Wertstreben, Geist – das alles sind männliche Prinzipien, deuten auf väterliche Aufgabenbereiche hin. Aber unsere Jugend zeigt sich damit nicht nur als eine entstaltete, sondern auch als eine vaterlose Jugend – aus folgenden Gründen:

1. aus dem Zeitmangel der um die materielle Existenz bemühten Väter,

2. aus Mangel an geistiger Wertträgerschaft und geistiger Standhaftigkeit vieler Väter und vieler Lehrer und

3. aus dem Abbau der personellen Gott-Vater-Beziehung.

Auf diese ursächlichen Faktoren im Gesamtcharakter der Jugend heute möchte ich noch etwas konkreter und mit einigen Situationsschilderungen eingehen.

Schlimm wirkt es sich häufig aus, wenn die Väter durch ihr Verhalten und Reden ihren halbwüchsigen Kindern nicht mehr die Gewißheit vermitteln von der Sinnhaftigkeit, in der ihre eigene Existenz ruht. Das ist ein außerordentlich verbreiteter Vatertyp heute. Solch einen Vater hatte beispielsweise der schuleschwänzende Bandenchef Jochen. Jochens Vater war ein wohlbestallter freipraktizierender Jurist. Abgesehen davon, daß der Vater sich für seine Familie wenig Zeit nahm, wirkte er auf die Entwicklung seines Sohnes noch außerordentlich ungünstig ein. Jochen erlebte häufig die ausschließlich materialistische Einstellung seines Vaters zu seinem Beruf. Er erlebte in Anwesenheit von Freunden und Gästen die prahlerischen Erzählungen des Vaters über seine Findigkeit und Raffinesse im Geldverdienen – er erlebte seinen Vater nur dann lebendig und brillant, wenn er über seine kolossalen Fähigkeiten, „Geld zu machen" sprach. Auch „Geld zu machen" war für Jochen das höchste Berufsideal – wie sollte man das auch anders erwarten? Aber noch etwas anderes trat bei diesem Vater hinzu; bei einer völligen Abwertung und Verdrängung seines eigenen geistigen Existenzgrundes traktierte er seinen Sohn mit einer stoßartigen autoritätsfreudigen Preußenmoral: Das feldwebelartige Bellen des „Alten", das aus Gemeinplätzen vom Kasernenhof stammte, wie „Dienst ist Dienst und Schnaps ist Schnaps" und ähnliches waren die dem Jungen täglich servierten Platten, die ihm nicht nur kein geistiges Rüstzeug und keinen geistigen Rückhalt boten, sondern ihn außerdem in jene gelangweilte Haltung leerer Verachtung der Erwachsenen hineintrieb, für die das Chaotentum ein so besonders fruchtbarer Nährboden ist.

Das geistige Vakuum der Nachkriegszeit hat aber auch der

Möglichkeit zu einer neuen Indoktrination in Westdeutschland die Tore geöffnet, der vor allem die Pädagogikstudenten der Siebziger Jahre ausgesetzt wurden. Nachweislich gab es damals über Rahmenrichtlinien und Schulbücher einen psychologisch außerordentlich gekonnten Manipulationsfeldzug, der manchen der heutigen Lehrer zu einem streitbaren Marxisten vorgeprägt hat.

Der Soziologe Helmut Schoeck führte dazu 1975 aus: „Es gibt einen gut verankerten, weit verzweigten Apparat der Marxisten im Unterrichtswesen der Bundesrepublik. Viele seiner Träger sind Marxisten-Leninisten, die im Zweifelsfall den Zielen und Auffassungen der DDR und UdSSR beipflichten bzw. entgegenkommen. Dieser Apparat erstreckt sich weit über das hinaus, was während der Diskussion über die sogenannten Rahmenrichtlinien in die Öffentlichkeit gekommen war. Es gibt, das zeigen ab 1973 veröffentliche Schulbücher und Lehrerbegleithefte, eine Art von Achse, auf der die Marxisten die Gewichte hin und her schieben, um auszuprobieren, wieweit die Bevölkerung, die Elternschaft im Bildungswesen bereits belastbar geworden sind. Diese Achse läuft zwischen einigen Kultusministerien, ihren Gutachtern und Beratern, einigen großen Schulbuchverlagen und ihren Lektoren und Autoren, den Lehrerfortbildungseinrichtungen einiger Bundesländer hin zu den Lehrerausbildungszentren an mehreren Hochschulen. Die Schlüsselfiguren in diesem Apparat haben ein Gesamtkonzept für den Umbau der Persönlichkeit unserer Kinder ausgearbeitet. Alle Einflüsse, alle Prägungen, alle Gefühlslagen, alle Vorlieben und Abneigungen, die sie aus der eigenen Familie mitbekommen haben, sollen vom ersten Schuljahr an bzw. im Kindergarten und in der Vorschule systematisch verdrängt werden, um das einheitliche, ‚sozialistische Bewußtsein‘ bei ihnen zu erzeugen." Und Schoeck erklärte damals – den marxistischen „Marsch durch die Institutionen" entlarvend: „Vom ersten

Grundschuljahr an, womöglich auch schon in Vorschule oder Kindergarten, soll das Kind die Bindung an die in seinen ersten Lebensjahren gewonnenen Bezugspersonen verlieren. Eltern, andere nahe Verwandte, ältere Geschwister, klassische Kinderbuchautoren und ihre Romanfiguren, zu all diesen die bis dahin vertrauensvolle Beziehung zu kappen, gilt als die vordringlichste Aufgabe des emanzipatorischen Unterrichts. Was immer diese vorschulischen Personen in der Umgebung des Kindes geschätzt, geachtet und an Regeln eingehalten haben, soll jetzt in Frage gestellt werden, soll als abgetan, als Ballast erscheinen.

Und das einzige, worin sich das Kind von nun an, jedoch immer nur vorübergehend, aufgehoben fühlen soll, ist die vom Lehrer jeweils zusammengestellte Gruppe. Sich der schwankenden Gruppengunst, die jederzeit in Mißgunst umschlagen kann, zu erfreuen, soll das Ziel eines jeden Kindes werden. Sich vor der Gruppe (Klasse) bloßgestellt zu erleben, soll als normaler Vorgang bei jedem Lernen hingenommen werden. Die einzige Belohnung, nach dem niederschmetternden Erlebnis des Entzugs der Gruppengunst, wird es sein, sich später an der Gruppenhatz auf Abweichler beteiligen zu können. Die gruppendynamischen Manipulationen, zu denen Lehrer in den Lehrerbänden der „emanzipatorischen" Schulbücher ausdrücklich, unter Hinweis auf Rahmenrichtlinien der Ministerien, angehalten werden, sind aber gefährliche, seelisch einschneidende Mittel . . . Die linke Schülermanipulation versucht nicht nur (wozu sie auch kein Recht hätte), unsere Kinder von einer bestimmten vergänglichen und verhaßten „Gesellschaftsform" abzulösen, sondern sie versucht, die seelischen Orientierungsmöglichkeiten der Schüler zu zertrümmern, die sie, ganz unabhängig von der „kapitalistischen" oder „bürgerlichen" Gesellschaft brauchen, um überhaupt gute Mitmenschen zu sein." (H. Schoeck, Schülermanipulation, Herder Verlag

1975, S. 10 ff.) Wenn die Rasanz dieser Indoktrination seit 1990 unter dem Eindruck des wirtschaftlichen Scheiterns des Marxismus in den Ostblockländern auch merklich nachgelassen hat, so ist es gewiß dennoch notwendig, diese Entlarvungen des Soziologen Schoeck, die er sauber belegt, sehr ernst zu nehmen; denn eine Schüler- und Junglehrergeneration, die auf diese Weise zusätzlich systematisch „entvatert" wurde, indem man ihr ihre realen Vorbilder vermieste, fällt leichter einer autoritativen Machtergreifung zum Opfer, wie es sich jetzt bereits an der Zuneigung mancher Jugendlicher für die Skinheads und Neonazis zeigt. Der Mensch kann ohne geistige Orientierungsmarken, ohne eine Ausrichtung auf überpersönliche Ziele im Grunde gar nicht existieren.

Deshalb ist jeglicher „Entvaterungsprozeß" so gefährlich in bezug auf die seelische Gesundheit des jungen Erwachsenen. Aber unsere Jugend heute ist immer noch eine „vaterlose Jugend". Das hängt aber auch mit jenem dritten Punkt zusammen, den ich als Begründung anführte: Mit dem Abbau der Gott-Vater-Beziehung. „Gott ist tot" – hat Nietzsche gesagt als der Repräsentant seiner Zeit – und seitdem schon stehen wir im Entvaterungsprozeß, in einem noch immer nicht beendeten Verfall geistigen Wertstrebens und sittlicher Normen. Denn wo nicht verantwortet zu werden braucht, fällt auch die Verpflichtung mehr und mehr zu einem hohlen Begriff zusammen. Der Bolschewismus bot seiner Jugend einen Religionsersatz im „Vater Staat" an und band das Wertstreben der Jugend ein in ideologische Normen, wie es auch das Dritte Reich böse manipulierend tat. Solche Jugend fand lange Zeit Ziele – wenn es auch von uns abzulehnende Scheinziele waren, die an ihren Lügen zugrunde gingen. Daß wir selbst aber unserer Jugend keine Inhalte bieten außer einem sehr fragwürdigen Ideal der Freiheit, wirkt sich dahin aus, daß die westliche Jugend „zu später Stunde ungenau in dieser Welt steht", wie es in einem Gedicht von Günther Anders heißt und dadurch anfällig wird für neue Indoktrination. Denn selbst die Freiheit ist schließlich dem Anarchismus nahe, wenn sie Bindungslosigkeit auf ihr Banner hebt – auch der Begriff der Freiheit wird erst ein ethischer Wert, wenn er auf ein Ziel deutet, das von einem religiösen Verantwortungsbewußtsein getragen wird.

Was sagten jene Jugendlichen? „Wenn einer der Lehrer ein Urteil wagte, *das aus dem Herzen kam*, dann war alles wieder neu." Das also erwartet unsere Jugend – mit Recht – von ihren Vätern und Erziehern: daß sie sich mit den Grundfragen ihrer Existenz auseinandersetzen, daß sie nicht der Jugend – scheinbar großzügig, in Wirklichkeit aber sie vernachlässigend – anraten, alles ihnen wahllos Hingeworfene einfach auszuprobieren, sondern daß die Erwachsenen ihre eigenen Erfahrungen verarbeiten, um sie im lebendigen Gespräch und im lebendigen Vorbild überzeugend an die Jüngeren weiterzugeben. Zu geistiger Gestaltung können wir ihr nur dann verhelfen, wenn wir die Überzeugungskraft haben, die daher rührt, daß wir uns unseren Erfahrungen gestellt und um das Verstehen ihres Sinnes ehrlich bemüht haben.

Gestaltgeben, Formverleihen, Ordnungen setzen kann nur jemand, der sich selbst gestaltet hat, dem Form verliehen ist, und der das Bestehen überpersönlicher Ordnungen erfahren hat. Die Jugend muß durch ihre Lehrer und Eltern, die bewußt ihre Vorbildaufgabe auf sich genommen haben, erleben können, daß sie bei aller Bereitschaft, veraltete Gesetze zu ändern, in ihrem Leben die Erfahrung gemacht haben, daß es Normen, Gebräuche, Gebote gibt, die sich nicht willkürlich abändern lassen, weil sie sich als höchst sinnvoll, notwendig und praktikabel erwiesen haben, wie zum Beispiel die zehn Gebote – daß es ein unumstößliches Gut und Böse gibt, dessen Unterscheidung die Älteren den Jüngeren durch ihr Leben und Lehren vermitteln.

Deutlich wird damit sichtbar: Das Problem unserer Jugend heute ist ein Problem der Erwachsenen, ist ein Niederschlag eines bestimmten Zeitgeistes – und dieser Zeitgeist ist insofern krank, als eines der lebensnotwendigsten Bedürfnisse des Menschen: das Gefühl von Sinnhaftigkeit seines Lebens durch das Bezogensein auf Gott verlorengegangen ist. Daß dieses Bezogensein heute für eine sehr große Zahl von Menschen nicht mehr sicherer Existenzgrund ist, macht eines der wesentlichsten Krankheitszeichen aus, die man mit dem Wiener Psychologen Frankl geradezu als eine kollektive Neurose bezeichnen kann. Diese kollektive Neurose äußert sich gemäß ihrer Wurzel vor allem in der Langeweile. Sie ist zu einem seelischen Krankheitszeichen erster Ordnung geworden. Ja, die Langeweile kann, wie schon die Sprache lehrt, tödlich sein. Diese Form der Krankheit der Leere, das Gefühl der Sinnlosigkeit, kann zu einer Depression führen, die als letzte Konsequenz den Selbstmord als Keim in sich trägt. Der Nihilismus unserer Zeit hat seine Wurzel in der Sinnentleerung, dem Geistverlust der Menschen heute.

Die Jugendprobleme heute lassen sich sicher nicht allein als übliche Pubertätsproblematik abtun, sondern sie sind u. a. auch als ein geistiger Mangel aufzufassen. Weniger als irgendeine Altersstufe ist im Grunde gerade die Jugend in der Lage, ein Gefühl von Sinnlosigkeit, das ihr aus der geistigen Ohnmacht und dem Führungsunvermögen der Erwachsenen zufließt, zu ertragen. Denn es ist eben doch *die* lebensnotwendige geistige Aufgabe der Pubertät, in die übergeordneten Werte ahnend und erkennend hineinzuwachsen. Aus diesem Unvermögen, die Sinnlosigkeit zu ertragen, die ihnen aus der Lebensweise der Erwachsenen entgegenschlägt, wächst die Gefahr zu unkritischem Mitläufertum, wächst das Bedürfnis nach Betäubung im Techno- oder Heavy Metal-Rausch, in der Spielsucht, im Geschwindigkeitsrausch, in der Krawallsucht und im Bandenwesen. Das beschleunigte Tempo des Lebens heute ist ohnehin der Versuch, das existentielle Vakuum zu übertönen.

Damit wird deutlich, daß an unserer Jugend kein unfaßliches Wunder der Entartung eingetreten ist, sondern eine Umwandlung als Reaktion auf eine veränderte Welt. Strukturlosigkeit ist ihr Hauptwesenszug, eine Strukturlosigkeit, die wohl zunächst etwas rein Negatives der Erwachsenengeneration sichtbar macht, die aber keinen rein negativen Stellenwert zu haben braucht. Denn diese Strukturlosigkeit ist an die Stelle eines leeren Pseudoidealismus, einer starren Scheinmoral und einer gewaltsam aufrechterhaltenen Scheinautorität getreten. Hoffen wir, daß diese Ehrlichkeit des Nichts der Boden zu einer neuen Struktur, zu neuer Gestalt, zu einer neuen, gewandelten Bewußtheit für Werte wird. Das aber wird nur sein können, wenn die bis heute fortdauernde Schülermanipulation als das erkannt wird, was sie ist: ein Irrweg zur Fremdbestimmung.

Was die Jugend von *uns* erwarten müßte, wäre vor allem Festigkeit, eine Festigkeit, die mit überlegener Toleranz wieder Führung zu übernehmen bereit ist. Und wenn wir selbst wieder klar und bewußt davon durchdrungen sind, möglichst viel Sinn in unser Dasein zu investieren, möglichst viele Werte – schöpferische und Gefühlswerte – in unserem Leben zu verwirklichen, wenn wir selbst danach streben, uns der Welt preiszugeben mit ihren Aufgaben und Forderungen, uns an die *anderen* zu verschwenden – in dem Maße werden wir auch in der Lage sein, erfülltes, sinnvolles Personsein zu entwickeln, das zur Führung dieser Jugend mit ordnender Festigkeit höchste *Not-Wendigkeit* ist.

4. Zusammenfassung der verursachenden Faktoren von Leistungshemmungen im Schulalter

Solche Zusammenhänge zu verstehen, erscheint sinnvoll für den Erziehenden: Denn kennen wir den Grund der merkwürdigen, oft kränkenden und befremdlichen Äußerungsweise der Kinder und Jugendlichen, so reagieren wir nicht mehr auf ihr vordergründiges Verhalten mit ebensolcher vordergründigen Abwehr, sondern wir können uns verstehend zurechtfinden, ja oft sogar korrigierend helfen. Viele der seelischen Störungen werden erst zu einem Versagen auch in der Arbeitsfähigkeit, wenn die Erziehenden auf das ihnen unverständliche Verhalten der Kinder und Jugendlichen direkt reagieren. Wenn zum Beispiel ein Kind, das eine depressive Grundstörung hat und nicht in der rechten Weise bitten und sich anstrengen kann, plötzlich mit Riesenforderungen und Riesenansprüchen seine Gehemmtheit zu durchbrechen versucht, so ist es schädlich, wenn wir als Erzieher mit einer *zornigen* Versagung reagieren. Das Kind macht damit wieder die Erfahrung, daß es eben doch nichts bekommt. Die Störung vertieft sich dadurch und breitet sich auf das gesamte Wesen des Kindes aus, so daß diese Art des unangemessenen Forderns sich einschleift und in entsprechenden Situationen automatisch in Kraft tritt.

Helfen können wir solchen Kindern und Jugendlichen freilich nicht dadurch, daß wir all ihre Riesenforderungen erfüllen. Aber dadurch, daß wir verstehen, wie es zu diesem unangemessenen Fordern kommt, können wir erstens unseren Zorn vermeiden und zweitens das Kind lehren, die Erfüllung seiner Wünsche durch eigene Anstrengung allmählich und geduldig anzustreben, einen Wunsch aufzuschieben, aber ihn zielvoll im Auge zu behalten.

Warum haben die Leistungshemmungen im letzten Jahrzehnt so bedenklich zugenommen? Ich glaube, wir können antworten: Einerseits sind die Schäden, die diese Kinder aus einer gefahrvollen und unruhigen Kleinkindheit mit den ihnen unbekömmlichen Pflegemaßnahmen erworben haben, viel größer und vielschichtig komplizierter als wir es uns bisher vorstellen konnten. Außerdem wirkt die vom Überfluß gezeichnete Konsumwelt auf die junge Generation als Verwöhnung ein. Die gespannte Passivität des Zukurzkommenseins aber und das Angebot zum bequemen Verbrauchen durch unsere technischen Errungenschaften prägt eine Gefühlslage, die leicht in die Leistungshemmung führt. Ich kenne ungezählte solche Fälle. Als Säuglinge von ihren Großmüttern mit Ersatzpräparaten vollgepappt, von ihren geldverdienenden Müttern verlassen, sind gerade diese Kinder wie keine anderen vorgeprägt, in der Schule zu versagen und dem technischen Konsum wahllos zu verfallen. Sie können infolge ihrer neurotischen Passivität nicht arbeiten, haben aber eine riesige Gespanntheit in sich, unersättlich haben zu wollen von dem Riesenangebot, das, wie es sie dünkt, allein selig macht. Weil sie aber nicht arbeiten, haben sie auch nicht. Sie fühlen sich also, wie schon als Säuglinge, zu kurz gekommen. Unbestimmte Haß- und Rachegefühle gegen die „besitzende Klasse" lassen sie schließlich doch aktiv werden, aber nicht in positiver Aktivität, sondern in krimineller. Jeder dritte Straffällige in Schleswig-Holstein zum Beispiel ist ein Jugendlicher. Die Jugendkriminalität ist eine Wunde, die als Folge unseres Lebens von 1955 bis heute sichtbar wird.

Zusammenfassend können wir feststellen: Leistungshemmungen werden häufig hervorgerufen durch extreme Einflüsse der Umwelt, die über eine lange Zeit in der gleichen Weise auf ein Kind einwirken. Sie wirken um so schädigender, je einseitiger der Einfluß ist, je mehr er gegen die biologischen Entwicklungsgesetze verstößt und je jünger das Kind ist, das diesen Einflüssen ausgesetzt war. Einseitige Härte und Gefühlskälte in der Erziehung machen hungrig, leer, rachedurstig und heimatlos. Einseitige Verwöhnung, die dem Kind übertreibend die Arbeit erspart und einseitige Überforderung machen lahm, träge, initiativelos. Die enorme Verwöhnung, der wir durch die Technik alle ausgesetzt sind, darf uns Erwachsene aber nicht in die Lahmheit führen, sondern wir müssen mit leidenschaftlicher Klarheit darüber wachen, daß wir *auswählend* und richtungweisend ihrer Herr bleiben.

IV.
Erziehung zu Leistungsfähigkeit und seelischer Gesundheit

Wir befinden uns in einer Zeit, in der der Lebensweg eines Menschen wie nie zuvor von Berechtigungsscheinen abhängt. Mit dem ersten Berechtigungsschein kommen die Kinder im Alter von sieben Jahren in Berührung: nämlich mit ihrem ersten Schulzeugnis, das sie berechtigt, in die zweite Schulklasse aufzurücken. Von den entsprechenden Abschlußzeugnissen hängt dann unerschütterlich der weitere Berufsweg ab, der in ein neues Gefecht mit Berechtigungsscheinen hineinführt.

Alle diese Zeugnisse sind im Grunde Leistungskontrollen, die neue Türen öffnen oder – häufig für alle Zeiten – sie vor den Heranwachsenden verschließen. Wie in keiner anderen Zeit ist das Lebensglück und die Zufriedenheit der Menschen heute abhängig von ihrer Leistungsfähigkeit. Niemals war aber die Leistungsfähigkeit so gefährdet wie heute. Sie ist keine allein von den Hirnwindungen abhängige Größe, ist nicht etwa nur das Privileg einiger weniger Hochbegabter. Leistungsfähigkeit besagt noch nichts über die Art der Leistung, ob es sich um ein intellektuelles oder um ein manuelles Können handelt. Für jede Art der Leistung, ob mit dem Kopf oder mit der Hand, bedarf der Mensch gewisser, allgemeiner, grundlegender Voraussetzungen, Grundfähigkeiten, die es ihm ermöglichen, sich einer Sache zuzuwenden, sie anzupacken, sie durchzuhalten und zu einem Ziel zu führen. Diese Grundvoraussetzungen sind aber nicht einfach da, sie müssen in einem mühsamen und sorgfältigen Erziehungsprozeß entfaltet werden und sind durchaus in Gefahr, sich nicht optimal zu entwickeln, wenn bestimmte wesentliche Dinge in diesem Erziehungsprozeß fehlen.

In den vorangegangenen Kapiteln haben wir uns mit vier verschiedenen Arten von Arbeitsstörungen befaßt, wie sie im Schulalter sichtbar werden. Ich hatte zunächst die Beziehung dieser Schulschwierigkeiten zu späteren Charakterstrukturen und die Entstehungsgeschichte dieser Leistungshemmungen geschildert. Dabei hatte ich zu verdeutlichen versucht, daß die vier verschiedenen Formen der Arbeitsstörung auf vier verschiedene Arten der seelischen Schädigung zurückgehen und daß diese an verschiedenen Zeitpunkten ihren Ansatz haben.

Wir wissen nun auch bereits, daß sich diese Formen von Fehlverhaltensweisen geradezu einstanzen, so daß es oft zu den gleichen Handlungsvollzügen, den gleichen Schwierigkeiten kommt. Eine gesunde Entwicklung wird verhindert, weil zuviel Kraft in der Unruhe der Störung verbraucht wird und die kindliche Entwicklungsstufe, in der die Störung entstand, nicht ganz überwunden wird. Deshalb wirken viele Erwachsene, die solche Verhaltensweisen zeigen, irgendwie kindisch, infantil. Da in ihrem auffälligen Verhalten immer wieder diese in der Kinderzeit gedrosselten und nicht entfalteten Impulse roh durchbrechen, wirken sie dementsprechend unüberlegt, egoistisch, ungesteuert. Und dieser ungelebte oder unentwickelte kindliche Rest kann ein unüberwindliches Hemmnis für die Ausreifung eines Menschen sein. Ein Mensch, der von seinen aus dem Unbewußten querschießenden Impulsen bedrängt und überflutet wird, kann nicht als ein in seinen Entscheidungen freier, für seine Handlungen vollverantwortlicher Mensch bezeichnet werden.

Ein Mensch aber, der sich *ungestört* hat entwickeln dürfen, hat die Möglichkeit, über die kindlichen Entwicklungsstufen hinauszuwachsen. Die primitiven Stufen der ersten Kinderjahre werden dann überwunden – aber gleichzeitig bilden sie ein breites, wertvolles, immer wieder verfügbares Fundament für die Ausbildung höherer Entwicklungsstufen und -formen.

Außerdem entstehen bei den Schulkindern, die aufgrund einer seelischen Schädigung nicht arbeiten können, sehr schnell Kenntnislücken, die sie bald zusätzlich behindern, entmutigen, die Versetzung gefährden, die Familienatmosphäre verdüstern, die Eltern gereizt und verzweifelt machen und damit in einen rückläufigen, negativen Teufelskreis hineintreiben. Die uninteressierten Kinder werden dadurch noch stumpfer, die passiven, trägen Kinder mutloser und aggressiver, die überkorrekten Kinder panischer im Angesicht der drohenden Klassenarbeiten, die flüchtigen Kinder immer überzeugter davon, daß sie nicht geliebt werden.

1. Vorbeugende Maßnahmen gegen Interessenmangel

Was für Konsequenzen müssen wir denn nun aus diesem Wissen ziehen? Wie können wir verhindern, daß solche Frühprägungen, die die Arbeitsfähigkeit später behindern, gar nicht erst entstehen? Und wie können wir letztlich noch Besserungen und Heilungen erzielen, wenn solche Schwierigkeiten sichtbar werden?

Wenden wir uns zunächst noch einmal dem Schicksal des kleinen Peter zu. Wenn seine Mutter gewußt hätte, daß es für einen Säugling außerordentlich gefährlich ist, lange Zeit von vielen verschiedenen, immer wieder wechselnden Menschen betreut zu werden – wenn sie gewußt hätte, daß es für ihren kleinen Peter lebensnotwendig sei, die stetige Zuwendung der Mutter zu erleben, hätte sie ihn – bei all ihrer Not – wohl über einen so *langen* Zeitraum aus dem Hause gegeben? Ein Kind mag einen ungünstigen Lebensstart haben, weil seine Mutter es nur widerwillig und unter ungünstigen Umständen austragen mußte – aber würde eine solche Frau ihr Kind so unbedenklich in ein Heim geben, wenn sie wüßte, daß die Zeit, die Arbeit, die

Sorge, die sie dadurch im ersten Jahr spart, von ihr später in kummervoller Not dreifach nachgeholt werden muß, und das Kind häufig nur sehr mühsam, unter großem Aufwand an Zeit und Geld für Spezialbehandlungen zu einer gesunden Entfaltung kommt? Es gibt kaum etwas Unersetzbareres in der Welt als die Mutter für den Säugling im ersten Lebensjahr. Durch das immer gleiche, liebevolle Gesicht, das sich dem Kind während dieser Zeit zuwendet, durch die liebevolle Ansprache, das zärtliche In-den-Arm-nehmen – nur so kann das Kind eine entscheidend wichtige Sicherheit für sein späteres Leben erwerben.

Und noch mehr: In der zweiten Hälfte des ersten Lebensjahres wendet sich eine Mutter ja nicht allein einem Kind zu – sie fordert es auch liebevoll zur Welt hin auf: Sie hält ihm den blanken Knopf an ihrer Bluse hin, so daß das Kind ihn betasten, belutschen, begreifen kann, sie benennt die Gegenstände, die das Kind sieht, mit Worten, sie teilt das Staunen und unterstützt den Wissensdrang des Kindes. So – und nur so – entsteht später das Interesse am Lernstoff und keine noch so kunstvolle Pädagogik kann dieses Interesse wecken, wenn das Kind seine lustvollen Vorerfahrungen nicht schon aus der Kinderstube mitbringt. Vielleicht könnte man meinen, daß solche Schwierigkeiten normalerweise nicht auftauchen, weil eine Mutter hier doch in der richtigen Weise instinktiv reagiert; aber das ist nicht immer richtig.

Vor kurzem stellte mir eine Mutter ihr zweijähriges Kind vor, das gerade eben sitzen konnte und den Eindruck eines dreiviertel Jahre alten Säuglings machte. Diese Mutter berichtete, daß sie sich um dieses ihr viertes Kind bisher noch wenig habe zu kümmern brauchen. Es sei ein immer zufriedenes, mit Fertigkost fein dick gefüttertes Kind gewesen. Das sei ihr sehr zustatten gekommen; denn die älteren Kinder hätten Schichtunterricht, sie sei ohne Hilfe, müsse viele Mahlzeiten immer wieder neu wärmen oder kochen – da sei es ihr sehr willkommen gewesen, daß der Säugling so bequem sei und sich nach den Mahlzeiten habe so schnell und anstandslos wieder einpacken lassen. Sie habe auch gehört, daß Kinder nur nervös würden, wenn man sich zuviel mit ihnen beschäftige. Das Kind würde schon allein beginnen, wenn es entwicklungsmäßig so weit sei.

Diese Mutter hatte offensichtlich aus Zeitnot das Kind zu wenig zur Welt hin aufgefordert, sie hatte die richtige Lehre von der Ruhe, die ein Säugling braucht, allzu lange ausgedehnt und zu sehr auf die Spitze getrieben. Daß diese Vermutung richtig war, erwies sich dadurch, daß das Kind nach einer eingehenden Beratung der Mutter sich jetzt nach wenigen Monaten rasch und seinem Alter entsprechend entwickelte.

2. Therapeutische Maßnahmen

Wie aber können wir solchen Kindern, die sich nicht voll Neugier und Interesse dem Lernstoff zuwenden können, helfen? Indem wir uns intensiv bemühen, die Kontaktfähigkeit des Kindes zu wecken. Wir hören ihm zu, wenn es etwas erzählt, wir erwidern und erweitern seine Bemerkungen. Wir pflegen solch einem Kind freundlich und anteilnehmend in die Augen zu sehen, locken es damit gleichsam, auch diesen Blickkontakt herzustellen, den Kinder mit einer intentionalen Lücke im allgemeinen vermeiden. Wir können auch gemeinsam etwas mit ihm beobachten, mit dem Kind gemeinsam etwas pflegen, wie zum Beispiel einen Kanarienvogel oder Fische im Aquarium. Das Wesentliche bei all diesen Dingen ist die gleichmäßige, stetige, tägliche *Zuwendung*. Wir können mit solchen Kindern auch Bilder besehen, überhaupt sind besonders alle zweisamen Spiele außerordentlich günstig, wie zum Beispiel das Versteckspielen, das heißt, das Suchen und das beglückende Wiederfinden mit dem Kind nachvollziehen, gemeinsames Ballwerfen und alle lustigen motorischen Spiele vom Hoppe-Hoppe-Reiter bis zu

Finger- und Beinchenspielen. Alle diese Spiele haben ohnehin den Sinn, eine dem Kind gemäße Beziehung zu ihm herzustellen. Auf das Herstellen solcher gefühlsmäßig warmen, vertrauensvollen Beziehung kommt es bei den intentional gestörten Kindern doppelt an. Als Erzieher brauchen wir dazu viel Geduld und viel Durchhaltevermögen, denn ein solches gestörte Kind dankt ja dem Erzieher seine Mühe nicht mit seiner strahlenden Gegenliebe. Daß es das nicht kann, macht gerade das Wesen seiner Störung aus. Erst langsam und nach vielen Stunden entdecken wir dann, daß die Eisdecke zu schmelzen beginnt und das Kind lockerer, bewegter und gesprächiger wird. Es gibt eine ganze Reihe von Kindern, die sich überhaupt weigern, den Sprechkontakt mit anderen Menschen herzustellen. Auch mit solchen Kindern sollte man eine tägliche Zweisamkeit pflegen. Sehr sinnvoll kann man mit ihnen vom fünften Lebensjahr ab kochen und backen und eine gemütliche Mahlzeit daran anschließen, in der das gemeinsam produzierte Essen zusammen verspeist wird.

Auch bei den Schularbeiten ist das gleichmäßige Interesse von der Seite der Erziehenden nötig. Die Freude über eine gelungene Zeile ist dabei besser, als der Tadel über eine ganze Seite. Das stumpfe Nichtauffassen zum Beispiel eines heimatkundlichen Stoffes läßt sich vielleicht durch ein kindgemäßes Zeigen und Erläutern auflösen. Im allgemeinen muß aber eine Arbeitsstörung, die auf dem Boden einer seelisch bedingten Antriebslücke erwachsen ist, auch mit seelischer Nachhilfe und nicht mit intellektueller beseitigt werden. Dabei haben wir zu bedenken, daß die Gehemmtheit immer eine Verlangsamung der seelisch-geistigen Entwicklung zur Folge hat, so daß man also bei einem Kind wie Peter, der mit acht Jahren schließlich in die Behandlung kam, durchaus mit einfachsten und kleinkindhaften Spielen wieder beginnen kann, ja geradezu *muß*.

Als Michael, ein achtjähriges Kind, das in der Schule bisher vollständig stumm geblieben war, und ich uns kennenlernten, haben wir zunächst eine ganze Reihe von Stunden in einem Raum zugebracht, ohne daß wir miteinander sprachen. Zunächst beschäftigte ich mich allein mit Spielmaterial, während das Kind mit dem Blick zur Wand an der von mir entferntesten Ecke des Zimmers stehenblieb. Nach einigen Stunden hatte der Junge erfaßt, daß ich keinerlei Kontakt von ihm *forderte*, den er zu geben aus Angst nicht in der Lage war. Danach begann er sich für die Spiele zu interessieren und in seiner Ecke stumm damit zu spielen. Nach einigen weiteren Stunden kam er mit seinem Baukasten zu mir an den Tisch – dann schließlich schenkte er mir sein erstes Lächeln. Danach begann er gemeinsam mit mir zu spielen und mit mir zu sprechen.

Der therapeutische Weg mit Kindern, die in dieser Weise gehemmt sind, gleicht einem mühsamen Abstieg durch den dunklen Schacht eines verstopften und ausgedörrten Brunnens – bis man endlich wieder an jene Quelle stößt, bis zu der sich die Impulse der Kinder zurückgezogen haben. Daß sie an dieser Stelle zum erstenmal ihren Betreuer vertrauend anschauen und anlächeln, ist sicher kein Zufall. Anschauen und Anlächeln bilden im Säuglingsalter die primären Voraussetzungen zu allen späteren differenzierten Formen der Kontaktfindung des Menschen.

3. Vorbeugende Maßnahmen gegen Passivität

Ähnlich verhält es sich mit der zweiten Arbeitsstörung, die ihren Ansatzpunkt in der Säuglingszeit hat: mit dem Unvermögen sich anzustrengen, der Passivität und dem Mangel an Ausdauer. Solche Schwierigkeiten entstehen oft durch schwerwiegende und über lange Zeit anhaltende Fehler in der Fütterungsart des Säuglings. Ich schilderte die kleine Inga, die mit einer Halssonde ernährt wurde und es auf diese Weise gar nicht lernte, sich anzustrengen. Ähnliche Trägheiten können auch durch einen allzu weiten Sauger bei der Flaschenfütterung entstehen.

Vor zwanzig Jahren zeigte mir eine Mutter stolz ihren sechs Monate alten Säugling. Arno war so unförmig dick, daß das Doppelkinn größer war als das Untergesicht und so umfänglich, daß der Kopf des Kindes durch die Fettmassen am Kinn in den Nacken gedrückt wurde. Ich fragte die Mutter nach ihrer Fütterungsweise: Sie hatte das Kind von Anfang an mit der Flasche ernährt und, als es nicht schnell genug trank, die Sauglöcher so lange mit einer erhitzten Stahlstricknadel erweitert, bis die Milch ungehindert einfloßen war. Merkwürdigerweise war das Kind aber auch mit einer großen Trinkmenge nicht zufrieden gewesen. Es hatte nach den Mahlzeiten anhaltend geschrien, so daß Mutter und Großmutter oft über das Doppelte des vorgeschriebenen Maßes zugefüttert hatten. Ähnliche Beobachtungen gibt es bereits seit 1936 an Hunden: Diese lecken unruhig an den Pfoten, wenn man sie mit einem weiten Sauger ernährt, während die Wurfgeschwister, die an der Zitze saugen durften, keine Ersatzhandlungen entwickelten. Die Anstrengung des Saugens scheint nicht nur die Voraussetzung zu sein für die spätere Leistungsfähigkeit, sondern auch für eine entspannte Friedfertigkeit nach geleisteter Arbeit schon beim Säugling.
Ich stellte im geheimen die Prognose, daß Arno später vermutlich mit seiner Trägheit zu kämpfen haben würde. Vor einigen Tagen kam der heute zwanzigjährige Student zu mir und sagte nach der Testuntersuchung, um die er mich gebeten hatte, wörtlich: „Bitte sagen Sie mir, woher es kommen kann, daß ich so entsetzlich faul bin. Es gibt in unserer Familie nur fleißige Menschen, alle arbeiten – wie die Ameisen, meine Eltern, meine Großeltern, Tanten und Onkel. Nur ich bin träge wie ein Faß. Abends kann ich nicht ins Bett finden, morgens kann ich nicht heraus. Am liebsten sitze ich herum, trinke und rauche – aber ich muß doch irgendwann einmal anfangen können, richtig zu arbeiten! Aber ich bin einfach ohne alle Energie."

Aber auch ein zu geringes Maß an Trinkmenge kann zu der negativen Gestimmtheit führen, daß alle Anstrengung ja doch keinen Zweck habe. Auch dieses wird von jungen Müttern heute noch häufig praktiziert, und zwar nicht aus Not, sondern aus Prinzip.
Fortschrittliche Kinderärzte und Psychotherapeuten plädie-

ren heute wieder dringend für eine unmittelbare Nähe von Mutter und Kind nach der Geburt und sind für die Brustnahrung. Bereits das Kolostrum, die Erstmilch der Mutter hat sich als ein unersetzbarer Immunschutz gegen Infektionen erwiesen, wie die Muttermilch überhaupt. Daß die Flasche ein ebenbürtiger Ersatz für die Brustnahrung sei, hat sich als Fehlvorstellung erwiesen. Daß sie dies nicht ist, geht aus den Untersuchungen der Tiefenpsychologen hervor, die beweisen, daß gut und lange brustgenährte Kinder wesentlich bessere Voraussetzungen für ein gutes Schullernen mitbringen als Flaschenkinder, weil sie in der rechten und in befriedigender Weise gelernt haben, sich anzustrengen. Wenn alle Mütter wüßten, wieviel entscheidende Charakterentwicklung, wieviel Glück und wieviel Vermögen zum Arbeiten und Lieben hier schon in einer wesentlichen Weise vorgebahnt oder gedrosselt werden können – wenn das alle Säuglingsschwestern und alle Hebammen in ihrer Ausbildung lernten, würden sicher nicht so unendlich viele Mütter abgestillt die Wöchnerinnenstationen verlassen; denn dann würden sie eben nicht aufgeben, wenn sich die Anfangsschwierigkeiten einstellen, die fast jede Mutter in den ersten Wochen nach der Geburt ihres Kindes zu überwinden hat. Außerdem: Stillfähigkeit läßt sich meist beliebig lange erhalten, wenn die Brust täglich mindestens einmal *absolut* entleert wird (die Milchpumpe kann dabei am Anfang helfen,) und wenn das Kind nach Bedarf gestillt wird, das heißt, daß man es nicht schreien läßt und immer anlegt, wenn es danach verlangt. Das ist keine Verwöhnung; denn so lernen Mutter und Kind, die natürlichen Bedürfnisse angemessen zu beachten bzw. zu entwickeln, während eine dem Kind aufgenötigte Ernährungsform eine Fremdbestimmung darstellt, die im obigen Sinne unter Umständen in der Lage ist, seine Eigenimpulse gerade auch später beim Schullernen zu drosseln. Die Neigung so vieler junger Menschen in den Industrienationen, nach vielen Schulmißerfolgen Suchtkrankheiten anheimzufallen, hat hier eine primäre Ursache. Durch eine Rückkehr zu Formen natürlicher Frühpflege könnte millionenfachem Unglück vorgebeugt werden!

4. Therapeutische Maßnahmen

Wie können wir nun aber den Kindern, die in der Säuglingszeit nicht ganz zu ihrem biologischen Recht kamen, helfen, aus ihrem Teufelskreis herauszufinden? Ich möchte antworten: Ganz gewiß weder durch das eine, noch durch das andere Extrem – also weder mit Härte, die immer tiefer zurückstößt, noch durch Verwöhnung, die die Passivität erhöht und die lebendigen Impulse lahmlegt. Wir müssen vielmehr diesen Kindern über einen langen Zeitraum hinweg immer wieder die Erfahrung vermitteln, daß es sich lohnt sich anzustrengen, daß der Erfolg eintritt und daß es eine Freude nach vollbrachter Tat gibt, die größer ist als ein bequemes Ersatzgenießen vor der Arbeit, die tödliche Langeweile mit sich führt.

Das können wir bei Schulkindern wohl nur als erfahrene Pädagogen mit Hilfe der *Schularbeiten* bewirken. Eltern ist davon abzuraten, solche Exerzitien, das heißt zusätzliche Übungen mit dem Lernstoff bei lernschwierigen Kindern zu machen. Kinder, die in dieser Weise geschädigt sind, fangen ja, wenn sie endlich nach vielem Drängen über ihrer Arbeit sitzen, häufig schon nach einer Zeile an zu bummeln, zu schmieren, nicht mehr aufzupassen und unsinnige Fehler zu machen. Die Eltern können das meist nicht aushalten, ohne in Wut zu geraten – und alle Wut, alles Schimpfen, alles Schlagen und Strafen vermehrt ganz gewiß die Störung. Solche Kinder müssen am besten mit einem neutralen Helfer ihre Schularbeiten machen, nach Möglichkeit mit einem Menschen, der Kenntnisse über die Art der Schädigung besitzt. Es ist nämlich ratsam, diese Kinder die Schularbeiten nicht allein machen zu lassen, weil alle Gefühle hoffnungsloser Verlassenheit und subjektiv empfundener Überforderung dann zusätzlich wuchern.

Aber die Eltern können dennoch etwas sehr Entscheidendes, ja Rettendes tun, wenn sie es nur geduldig über lange Zeit und stetig durchführen: Sie können ihren Kindern die fehlende Erfahrung, daß Anstrengung doch zum Schluß Spaß macht, mit Hilfe des Spielens und Bastelns vermitteln. Eltern, die solche Kinder kennen, werden jetzt verzweifelt denken: Aber das ist es gerade – sie spielen ja nicht, alles fangen sie an, nichts führen sie durch – nachher sitzen sie doch und langweilen sich. Diese Beobachtung ist absolut richtig, aber die Kinder zum Spielen anzuleiten heißt eben nicht, ihnen eine Menge Spielmaterial zur Verfügung zu stellen und sie dann damit allein zu lassen. Bei gesunden Kindern ist das möglich, aber nicht bei solchen, die eine Antriebshemmung im Zupacken haben.

Das Unvermögen, sich anzustrengen, zeigt sich nämlich im Grunde schon im Spielalter, nur daß es dort von den meisten Eltern noch für belanglos gehalten wird. Mit dem geschädigten Kind muß der Erwachsene also wieder spielen, wobei es darauf ankommt, daß das Kind soviel wie möglich allein tut, daß ihm soviel als schon vorhandene Initiative überlassen wird, daß der Erwachsene aber ermutigend und helfend eingreift, wenn das Kind aufgeben will. Dabei ist es nun wichtig, daß man bei solchen Kindern nicht zu hoch greift, indem man etwa gleich mit ihnen ein Segelflugzeug oder ein Segelschiff mit Motor bauen will. Mit den einfachsten Spielen, mit Holzbausteinen, mit Lego, mit Steckbausteinen, mit Hämmerchenspielen und Mosaikbausteinen kann begonnen werden. Die Hauptsache ist, daß das Kind lernt – zunächst nur für Minuten –, sich anzustrengen, dann erst für Viertelstunden oder gar Stunden, um an seinem vollbrachten Werk Freude zu haben. Dabei hat die Zu-

wendung und die Anerkennung, die ihm so von dem Erwachsenen zuteil wird, einen großen therapeutischen Wert. Ein erheblicher Teil der Arbeit des Kinderpsychotherapeuten liegt auf
dem Gebiet dieser geduldigen, aber gezielten Hilfe.

Außerordentlich wichtig ist es aber bei den zur Passivität nei-
genden Kindern, daß man sie in die Aktivität lockt. Solche Kinder können stundenlang unglücklich herumsitzen, höchstens
Radio hören oder fernsehen. Das ist aber absolut schädlich für
sie. Freilich darf man jetzt auf gar keinen Fall das Kind zu einer Tätigkeit zwingen, auch nicht zu einem Spiel, sondern man
muß es vorsichtig anregen. Man kann sich neben es setzen und
mit einer Bastelei anfangen, so tun, als wisse man nicht weiter,
und es dadurch anreizen zuzupacken. Man kann vorsichtig Vorschläge machen: „Guck mal, da spielen der Hans und der Helmut mit Murmeln!" Aber schon ein drängendes: „Willst du das
nicht auch?" kann bei solchen renitenten Kindern zuviel sein.
Es ist immer besser, wenn das Kind den Einfall selbst hat, und
wir ihm dann freudig darin zustimmen. Jedes auch noch so geringe Fünkchen an Aktivität sollte gepflegt werden. Die Haltung der Erwachsenen muß dabei betont abwartend, aber in
Bereitschaft zum Mitmachen sein. Aber auch dieses Mitmachen
sollte in einer vorsichtigen Zurückhaltung des *Tuns* bestehen,
denn nur so kann ein Kind die lahmgelegten Eigenimpulse entfalten. Jedes Spiel, jede Zeichnung – und wenn es nur ein
Schmieren ist – sollte von den Erziehern bejaht werden. Kinder, die einen solchen Schaden haben und die man verlacht und
beschimpft, weil sie *spielen* anstatt zu arbeiten, werden immer
passiver werden. Nur über das Spiel, über die Anstrengung am
spielerischen Werk lernen solche Kinder die Lust und damit
auch die Fähigkeit zur Arbeit.

5. Vorbeugende Maßnahmen gegen Leistungsstörungen aufgrund von Perfektionismus

Wenden wir uns nun jener Arbeitsstörung zu, die auf dem Boden des Übereifers, des Zwanges zur Vollkommenheit entstehen kann. Ich habe schon geschildert, daß sie im Alter von zwei bis vier Jahren ihre erste Wurzel hat.

Sabine hatte in ihrer Entwicklung viele entscheidende Erfahrungen nicht machen können: daß es weh tut, wenn man hinfällt, daß aber die Schramme wieder heilt, die Beule wieder verschwindet, daß es Freude macht, seinen Körper zu tummeln und daß man an seinen Fehlern wächst, weil die Kraft zu ihrer Überwindung durch die Übung immer größer wird. Dies alles lernte Sabine nicht, sie lernte dafür aber um so intensiver das Vermeiden, das Einsparen, das Vorsichtigsein, das Sichzurückhalten. Hatte doch die Mutter mehrere Jahre lang allzu häufig gerufen: „Binchen, paß auf! Vorsicht, Binchen!" Diese Mutter war sehr besorgt und bemüht, sie wollte das Beste für ihr Kind, aber sie hatte vor lauter Mutterliebe vergessen, daß eine Volksweisheit sagt: „Wer nicht wagt, der nicht gewinnt!" –, daß Schiller entschiedener noch zum mutigen Handeln aufforderte: „Und setzet ihr nicht das Leben ein, *nie* wird euch das Leben gewonnen sein!" Wenn diese Mutter nun aber gewußt hätte, daß die größte Gefahr für ihr Kind weder der Schmutz, noch die Bazillen, noch die Straße, sondern ihre eigene Überbesorgtheit sei – ob sie sich dann nicht vielleicht doch anders verhalten hätte? Denn welche Mutter wünscht es sich für ihr Kind, daß es ein zurückhaltender, mit allem Freimut geizender, ein immerzu sich desinfizierender, einsamer Mensch wird, der mit Sauberkeit, Stänkern und Moralisieren die Tage seines späteren Lebens unglücklich würde verstreichen lassen?

Dieser Störung vorzubeugen ist verhältnismäßig einfach, könnten nur die Mütter in der Phase der Zwei- bis Vierjährigkeit ihrer Kinder den Ausspruch Christi beherzigen: „Sorget nicht!"; denn die übersteigerte Sorge hindert die Kinder am unbekümmerten Wachsen ihrer Lebensimpulse, ihres spontanen Tatendranges, den sie brauchen, wenn sie im Schul- und später im Lebenskampf bestehen wollen. Mütter, die mit Krabbelkindern umzugehen haben, müssen wissen, daß diese Entwicklungsphase eine Aufgabe hat, nämlich die, den näheren Lebensraum zu erobern. Wer hier unentwegt nur zum Stillsein, zum Bravsein, zur Ordnung dressiert, mißachtet das Gesetz dieser Entwicklungsphase und wird später mit erheblichen Schulschwierigkeiten und Handicaps im Umgang mit dem Kind rechnen müssen.

Schädigungen in dieser Entwicklungsphase führen also nicht immer zu jenem zielstrebigen, wenn auch übertriebenen und einengenden Ehrgeiz. Viele Mütter, die in der Phase der Kleinkindzeit ihre Sprößlinge in ein Erziehungskorsett schnüren, das lebensnotwendige Antriebe drosselt, müssen leider nachher häufig erleben, daß das Kind seine Fähigkeit irgendwelchen Forderungen, auch den Schulforderungen nachzukommen, einbüßt.

Das müssen oft auch solche Mütter erleben, die zu früh und mit zuviel Zwang die Erziehung zur Stubenreinheit durchführen, die darüber hinaus ihre Kinder lediglich und ausschließlich zum Abgeben anhalten, aber sie nicht lehren, daß man Besitz haben und behalten darf; denn wie soll ein Mensch ohne diesen Antrieb zum Besitz später sein eigenes Nest, seine eigene Existenzbasis aufbauen!

Da sich im zweiten Lebensjahr des Menschen sein gesunder Besitztrieb entfalten will, entwickeln darin behinderte Kinder häufig eine spezifische Schädigung: Sie werden unter dem Druck der Dressur zwar übergefügig und übertrieben abgabebereit – unbewußt aber haben sie eine gewaltige Abneigung gegen jede Form der Abgabe. Deshalb werden sie häufig so

„zurückhaltend", wie der Sprachausdruck so schön sagt, daß sie in der Schule weder den Mund recht auftun noch etwas zu Papier bringen mögen. Inwiefern hat das etwas mit der Sauberkeitsgewöhnung zu tun? Wir können antworten: weil gerade das Topfsitzen die erste Forderung zur Abgabe bedeutet. Wollen wir hier nicht in die bedenkliche Gefahr geraten, eine Charakterverbiegung und eine Erschwerung der späteren Arbeitsfähigkeit zu erzeugen, so müssen wir in dieser Erziehungsphase besonders überlegt und richtig vorgehen.

Vorbeugen ist besser als heilen: Wie können wir solchen späteren Schwierigkeiten aus dem Wege gehen? Indem wir das Abgeben des kleinen Kindes nicht mit Gewalt erzwingen oder mit Härte fordern, sondern indem wir alles Abgeben als Geschenk betrachten und unsere Freude darüber äußern – einschließlich des Töpfcheninhaltes. Mütter, die diesen Rat beherzigen, pflegen gute Früchte solcher Geduld zu ernten. Ihre Kinder werden zwar oft erst im vierten Lebensjahr „stubenrein", aber ich habe bei solchen Kindern bisher kaum einmal Leistungshemmungen oder Verhaltensstörungen im Sinne von Zurückhaltungstendenzen und unbewußten Produktionsprotesten feststellen können. Aber nicht nur das: Wir müssen die Kinder früh daran gewöhnen, daß sie etwas behalten und zu ihrem persönlichen Eigentum machen dürfen. Solche Kinder brauchen später nicht zwischen Verschwendung und Geiz hin- und hergerissen zu werden, sie brauchen nicht übergefügig und verklemmt schweigsam in der Schule zu werden, wenn man dem gesunden Besitztrieb in einer kindgemäßen Weise Raum gibt und ihn toleriert.

Kinder, die in dieser Weise geschädigt sind, entwickeln später gelegentlich Rechenstörungen in der Schule, weil das Rechnen im heutigen Schulunterricht vielfach über das anschauliche Kaufen und Verkaufen geübt wird. Viele dieser Kinder haben aber unbewußt Angst, überhaupt etwas für sich haben zu dürfen und die Angst, von der das Kind selbst nichts weiß, überträgt sich dann auf den Vorgang des Rechnens.

Arbeitsstörungen, die auf eine Drosselung des Besitztriebes zurückgehen, lassen sich später im frühen Schulalter noch mit Hilfe der Einführung des Taschengeldes möglicherweise wieder beseitigen. Darunter verstehen wir bei Grundschulkindern die wöchentliche Gabe von zwei bis drei Mark, die den Kindern frei, und zwar ohne Einschränkung, zur Verfügung steht. Taschengeld ist für Grundschulkinder kein Taschengeld, wenn sie davon den morgendlichen Schulkakao und ihre Schulhefte bezahlen müssen, oder wenn sie es sparen *müssen*. Den Kakaogroschen bezahlt man richtiger allmorgendlich. Das Geld zum Kauf der Hefte läßt man Grundschulkinder besser jeweils fordern. Aber das kleine wöchentliche Besitztum ist außerordentlich wichtig, um den Umgang mit Besitz und Geld zu lernen und einzuüben. Es ist für solche Kinder ausgesprochen schädlich, wenn die Erwachsenen in bezug auf das Taschengeld Unzuverlässigkeit demonstrieren und dann Zuverlässigkeit erwarten. Kinder, denen man unregelmäßig einmal zuviel und einmal zu wenig Taschengeld gibt, die man häufig mit Entzug des Taschengeldes straft oder denen man das Taschengeld nur unter die Nase hält, um es dann auf Nimmerwiedersehen in einem Spartopf verschwinden zu lassen – solche Kinder erzieht man nicht zur Menschenwürde und zu freiwilligen, verantwortungsbewußten Arbeitsleistungen. Regelmäßiges, *maßvolles* Taschengeld aber kann einen guten erzieherischen Wert haben: Das Kind kann eine Beziehung zu seinem Eigentum entwickeln, es kann planen, einteilen, behalten, verschenken, ausgeben und sparen – aufgrund *freiwilliger* Überlegungen. Die Vorentwicklung des freien Willens ist eine Notwendigkeit für ein Kind heute, wenn es später ein arbeitswilliger und in freier Verantwortung handelnder Mensch in einem demokratischen Staatswesen werden soll.

Neulich klagte mir eine Mutter ihr Leid, daß ihr Junge immerzu Groschen aus ihrem Portemonnaie entwendete und sie zum Süßigkeitenautomaten trage. Auf meine Frage, ob er denn Taschengeld bekäme, antwortete die Mutter empört: „Um Himmels willen, ich will das Kind doch zur Ordnung erziehen! Was ist das bloß für eine Zeit, in der die Kinder soviel Geld von ihren Eltern zur freien Verfügung bekommen. Außerdem würde mein Junge doch alles vernaschen."

Diese Mutter hatte in einer Weise ganz gewiß recht: daß die Kinder heute mit Unmengen Geld in der Tasche herumlaufen und es verkonsumieren, ist sicherlich eine Unsitte. Aber noch nie hat die bestmögliche aller Erziehungsformen in einem Extrem gelegen, sondern nur in einem Maß zur rechten Zeit, das heißt, die erziehenden Handlungen müssen dem Lebensalter des Kindes angemessen sein. Das Stiebitzen aus dem Portemonnaie läßt sich manchmal beseitigen durch eine maßvolle, wöchentliche Taschengeldgabe. Und ist es nicht gesünder für ein Kind, es vernascht regelmäßig seine eigenen Groschen, als sich mit der Schuld einer strafbaren Handlung zu beladen, die aus Angst und Schuld schwere innerseelische Spannungen hervorruft? Das Taschengeld ist freilich nur dann ein Heilmittel gegen Diebereien aus Mutters Portemonnaie, wenn ihre Ursachen, wie in dem eben geschilderten Fall, in einer übermäßigen Einengung des Besitztriebes liegen. Bei vielen Kindern heute haben Diebstähle unbewußt den Charakter eines gierigen Versuchs, seelischen Hunger, den Mangel an Zuwendung, auszugleichen.

6. Therapeutische Maßnahmen

Eine Leistungsstörung, die durch eine Drosselung des Besitztriebes entstanden ist, zu beseitigen, wenn sie sich erst einmal im negativen Teufelskreis eingeschliffen hat, ist schon wesentlich schwieriger. Ich habe einmal ein achtjähriges Mädchen betreut, das – aus bestem Hause stammend – an einem täglichen Einkoten und schwersten Schulstörungen litt. Das Kind, das in einem großen Geschwisterkreis und in einer sehr kargen Erziehungsform aufgewachsen war, hatte niemals Taschengeld bekommen. Als ich ihm zum ersten Mal etwas gab und sagte, daß es damit machen könne, was es wolle, ging es zum Kaufmann, kaufte Süßigkeiten, verteilte sie – zum Jubel der Kinder – in der Familie und behielt nichts für sich. So sehr war der Besitztrieb dieses Kindes gedrosselt, daß es gar nicht auf den Einfall kam, etwas für sich zu behalten. Dieses Für-sich-Behalten zeigte sich nun aber krank-verbogen in seinem Symptom: im Einkoten. In diesem Symptom steckte der kümmerliche Rest eines Trotzes gegen die Forderung zur Abgabe: indem man eben nicht zur rechten Zeit und am rechten Ort abgibt, sondern so lange zurückhält, bis es zu spät ist. Das Einkoten bildete die Karikatur einer eindressierten, übersteigerten, maßlosen Abgabebereitschaft.

Als dieses Kind nun seinen gesamten kleinen Taschengeldbesitz verschenkte, lobte ich es für seine gute Tat, sagte aber beiläufig: „*Alles* braucht man aber nicht abzugeben, man darf auch etwas behalten!" Das führte dazu, daß das Kind jetzt über Wochen zunächst sein gesamtes Taschengeld vernaschte. Das Einkoten aber, das über Jahre hinweg bestanden hatte, und für das das Kind vom Vater auch fleißig mit dem Ausklopfer behandelt worden war, schwand auf Nimmerwiedersehen. Als ich nach Wochen der Mutter diesen Vorgang berichtete, fragte sie bange: „Aber wann wollen Sie denn anfangen, das Kind zum Sparen zu erziehen?" Ich erwiderte: „Überhaupt nicht mit *Forderungen* zum Sparen."

Ein Kind, dessen Besitztrieb nicht gedrosselt ist, entwickelt in einer gesunden Atmosphäre eines Tages von selbst das Bedürfnis zum Sparen. So konnte ich auch dieser Mutter nach einigen Wochen mitteilen, daß das Kind eines Tages freiwillig anfing, mit seinem Geld hauszuhalten, größere Wünsche zu planen und dafür Geldbeträge zurückzulegen.

Außerdem müssen Eltern wissen, daß auch Überbesorgtheit in bezug auf Schulzensuren bei diesen Kindern durchaus schädigend wirkt. Kinder, deren Eltern ein klagsames Drama anstellen, wenn ihre Sprößlinge mit einer ungenügenden Zensur nach Hause kommen, die mit Lob geizen und ihre Zuwendung zum Kind von guten Schulleistungen abhängig machen, werden solche Schädigungen nur immer mehr vertiefen. Helfen kann man diesen Kindern nur, wenn man sie erleben und wissen läßt, daß die Liebe nicht aufhört, wenn einmal ein Mißerfolg eintritt. Das Kind muß wissen, daß Fehler den Sinn haben, aus ihnen zu lernen und daß es überhaupt keine Menschen gibt, die fehlerlos sind. Es gibt heute immer noch Väter, die ihren Kindern vorschwindeln, sie hätten *nur* großartige Schulzeugnisse gehabt. Es ist aber günstiger, wenn die Eltern zugeben, daß sie auch einmal Pannen erlebt haben. Das wirkt auf die Kinder beruhigend und stärkt ihr Vertrauen, gerade wenn sie, wie häufig in diesen Fällen, die Eltern hochschätzen und verehren. Diese Kinder müssen wieder und wieder erleben, daß es Güte und Vergebung auf der Welt gibt, damit sie sowohl ihren Vollkommenheitsdrang als auch ihre unterschwelligen Versündigungsideen aufgeben können.

Außerdem müssen diese Kinder die Phase der motorischen Entfaltung nachholen, sie müssen zu Sport und sportlichem Spiel angeregt werden, und es muß ihnen dabei die Möglichkeit gegeben werden, ihre unterdrückte Wut, ihre einengenden, zur Aggression gesteigerten, expansiven Impulse zu verwirklichen. Judo, Reiten, Tennisspielen, Gärtnern und dergleichen tun hier oft gute Dienste.

Aber immer kommt es darauf an, daß die Tätigkeiten regelmäßig und über lange Zeit durchgeführt werden, weil es ebenso lange dauert, eine Haltung wieder zu beseitigen, wie es dauerte, daß sie sich einschliff. Wichtig ist bei solchen Maßnahmen vor allen Dingen auch, daß sie jetzt nicht abermals als drängende Forderung dem Kind abverlangt werden. Kinder, die auf diese Weise geschädigt sind, haben es sehr nötig, freiwillig und aus eigenem Antrieb etwas zu tun, sollen sie nicht eines Tages in einem Netz von Verpflichtungen zur ewig widerwilligen Unfreiheit verdammt sein oder gar einen unbewußten Leistungsprotest entwickeln, der sie schließlich gänzlich blockiert. Von dieser Not werden besonders Menschen betroffen, die in willentlicher Übereinstimmung mit den Leistungsforderungen der Eltern und der Schule einer verkrampften Überforderung verfallen. Die seelische Mißhandlung durch das perfektionistische Übermaß führt dann zur totalen Blockade. Schwierigkeiten dieser Art treten besonders leicht ein, wenn im Lebensstil des Elternhauses Anerkennung grundsätzlich an das Erbringen von Leistung geknüpft ist. In solchen Fällen ist eine fundamentale Korrektur der Lebenseinstellung nötig: Ein bedingungsloses Geliebtsein führt zu mehr seelischer Sicherheit, die die Voraussetzung zu erfolgreicher Leistungsfähigkeit ist.

Ähnliche Erziehungsmaßnahmen gelten auch, um Arbeitsstörungen zu vermeiden, wie sie der kleine flüchtige Clown Thomas aufwies, der sich durch seinen begabten und musikalischen Bruder zurückgesetzt fühlte. Wollen wir als Erzieher der Gefahr entgehen, der Entwicklung zu einer hysterischen Struktur in den Kindern Vorschub zu leisten, so müssen wir ihnen ganz besonders in dem Alter, in dem es wesentlich darum geht, die Wirklichkeit mit ihren Ordnungen und Gesetzen anzunehmen, Führung und Geleit geben in diese Ordnungen hinein – mit Hilfe des eigenen, geordneten Vorbildes, der eigenen Haltung; denn nur ein Kind, das ein geliebtes Vorbild nachahmt, kann in die Welt der Wirklichkeit hineinwachsen. Kinder, die in der Vorschulzeit nicht dieses ruhige Wachsen am Vorbild erleben können, entwickeln in der Schule eine unangemessene Angst vor den Forderungen der Wirklichkeit, anstatt diese anzunehmen, an ihnen erwachsen zu werden, Erfahrungen und Wissen hinzuzulernen, Erlebnisse des Könnens zu haben. So lernen sie auch ihre eigenen Möglichkeiten und Grenzen nicht kennen, wodurch ihr Selbstwertgefühl immer äußerst labil bleibt und zwischen naiver Selbstüberschätzung und Minderwertigkeitsgefühlen hin und her schwankt.

Wie können wir nun der Entstehung dieser Fehlhaltungen praktisch vorbeugen? Indem die Eltern eine eigene innere Ordnung vorleben und indem sie sich gerade in der Entwicklungszeit zwischen vier bis sechs Jahren besonders aufmerksam um die Fragen der Kinder kümmern, um ihr jetzt in bewußter Weise erwachsendes Bedürfnis nach Liebe und Zärtlichkeit. Die Basis für eine geregelte, planvolle Arbeitsweise, für eine gute Handschrift, für eine gute Konzentrationsfähigkeit wird hier schon gelegt, und zwar durch das liebevolle Verhältnis zwischen Eltern und Kindern. Dieses vertrauensvolle Verhältnis kommt nicht von selbst. Es ist eine Frage des Kümmerns und ein Beweis dafür, daß Eltern hauptsächlich mit positiven Erziehungsmitteln erzogen haben. Eltern, die vermeiden wollen, daß ihre Kinder flüchtig und unkonzentriert werden, müssen sich vor allem in drei pädagogischen Eigenschaften üben: in der Geduld, im Verzeihen und in der Offenheit ihren Kindern gegenüber. Ruhige Geduld und Verzeihen vermeiden ein gehetztes Hin- und Herzerren des Kindes. Das schließt nicht aus, daß solche Erzieher sich nicht scheuen, auch mit Festigkeit Grenzen zu setzen. Außerdem sollten Eltern es vermeiden, den Kindern Grundfragen ihrer Existenz unbeantwortet zu lassen. Darüber täuschen sich Eltern sehr häufig selbst. Sie halten sich für aufrichtig, sind aber vor ihren Kindern Geheimniskrämer und wundern sich, wenn diese schon im Schulalter damit anfangen, unangenehme Dinge aus der Schule nicht zu Hause zu berichten. Kindern wie Thomas müssen in diesem Alter auch die Fragen nach ihrer eigenen Entstehung und nach den Geschlechtsunterschieden beantwortet werden. Wo unentwegt schwerwiegende Geheimnisse unbeantwortet bleiben, wird die Gedankenwelt der Kinder viel zu sehr auf diese geheime Welt gerichtet, ihre Denk- und Willenskraft wird davon so sehr absorbiert, daß in der Schule kein Rest oder ein nur zu kleiner Rest zum konzentrierten Arbeiten bleibt.

Adoptivkinder zum Beispiel müssen schon im Vorschulalter davon unterrichtet sein, daß sie angenommene Kinder sind. Sie müssen in dieses Wissen hineinwachsen, es muß ihnen selbstverständlich sein. Die Gefahr, daß die Kinder über ihre Abkunft von fremder Seite unterrichtet werden, ist viel zu groß und hat häufig schon zu Gefühls- und Vertrauenskrisen zwischen Pflegeeltern und Adoptivkindern geführt. Die Furcht der Eltern, die bei solchen Fragen entsteht, daß das Kind in seiner Liebe und in seinem Zugehörigkeitsgefühl verletzt werden könnte, ist unbegründet. Bei all diesen schwierigen Fragen der Abstammung, wie überhaupt in der Erziehung, kommt es immer nur darauf an, *wie* solche Mitteilungen gemacht werden. Werden sie im Tone des Vorwurfs und der Wortwahl nach kränkend vorgebracht, kann es sicher zu Schäden kommen. Aber wenn man bei solchen Gesprächen durchblicken läßt, wie sehr man das Kind liebt, wird es die schwerwiegenden Probleme verkraften, die einschneidendsten Versagungen überstehen können.

Das gilt auch für die Reaktion auf Riesenansprüche. Kommt etwa ein Junge im Grundschulalter nach Hause und sagt: „Mutti, ich brauche jetzt aber 20,– DM Taschengeld pro Woche, Michael kriegt sie auch", so ist es für den Sprößling außerordentlich eindrucksvoll, wenn man ruhig erwidert: „Verwöhnte Jungen werden später oft schrecklich unglücklich. Ich möchte aber nicht, daß mein Junge unglücklich wird – deshalb bleiben wir lieber bei unseren 2,– DM!" Auch wenn Jürgen jetzt noch ein Weilchen schmollt, wird er doch spüren: „Gut meint sie es ja wirklich mit mir!"

Genauso ist es mit den Fragen nach den Geschlechtsunterschieden und den Geburtsvorgängen. Daß wir Aufklärung überhaupt für nötig erachten, liegt daran, daß wir aus Erfahrungen mit geschädigten Kindern gelernt haben, daß Kinder verstört werden können, wenn sich falsche Vorstellungen in diesen Fragen in ihnen festsetzen. Kindern muß schon in der Vorschulzeit das Gefühl vermittelt werden, daß es seine Richtigkeit hat, daß sie als Junge oder als Mädchen so und nicht anders aussehen und daß sie eben als Junge oder als Mädchen anerkannt und nicht anders gewollt sind. Schaffen wir hier eine harmonische Klärung, so können wir unseren Kindern sehr viel Unruhe ersparen, die sonst leicht einmal ihr Leistungsvermögen herabsetzen könnte.

An dieser Stelle möchte ich darauf hinweisen, daß viele Eltern heute dem fundamentalen Irrtum unterliegen, Natürlichkeit, Unbefangenheit und Sicherheit ihrer Kinder dadurch erreichen zu können, daß sie sich vor ihren Kindern soviel wie möglich und geradezu provozierend nackt zeigen. Die Praxiserfahrung lehrt aber, daß Kinder auf diese Weise nicht entspannt und gelöst werden, sondern im Gegenteil: daß sich die „Nacktkultur" in den Familien geradezu als Quelle von Beunruhigung und Konzentrationsmangel in der Schule erweisen kann. Fünf- bis sechsjährige Kinder können durch die Nacktheit – besonders des gegengeschlechtlichen Elternteils – zu stark und mit einem erotischen Akzent an diesen fixiert oder mit Abscheu gegen ihn erfüllt werden. Die Demonstration und Exhibition der Geschlechtsmerkmale können Schock- und Minderwertigkeitserlebnisse bei den Kindern hervorbringen. Beide Extreme sind für ihre Entwicklung nicht günstig, können ähnliche Schulschwierigkeiten heraufbeschwören, wie Thomas sie zeigte, und zu Krisen in der Pubertät und sexuellen Fehlentwicklungen im Erwachsenenalter führen.

Abschließend muß diesem Kapitel hinzugefügt werden, daß sich auch Scheidungswaisenschicksal negativ auf die Konzentrationsfähigkeit in der Schule auswirken kann. Das Hin- und Hergeschobenwerden der Kinder zwischen einander womöglich feindlich gesinnten Eltern, mangelnde Konstanz in der Umwelt und der Bezugspersonen, kann eine existentielle Verunsicherung der Kinder bewirken, die sie so sehr seelisch beunruhigt, daß das ihr Lernniveau nachhaltig einschränkt.

7. Vorbeugende Maßnahmen gegen Leistungsstörungen aufgrund von Flüchtigkeit

Die Gefahren des Leistungsversagens lassen sich durch elterliche Verhaltensweisen verringern oder vermehren. Ein wichtiges Ereignis ist dabei der Schulanfang – wie einst der Lebensanfang. Wie es hier gelingt, einem ABC-Schützen die Schularbeit zu einer erfreulichen Pflicht zu machen, davon hängt für sein weiteres Lebensschicksal nicht wenig ab. Eindrucksvoll schreibt H. Fischle-Carl:

„Wer – wie der Feldwebel einer alten Garde – die Tafel auswischt oder Heftseiten ausreißt und diktatorische Forderungen stellt, erzieht nicht zur Freude am Lernen und zur willigen Anstrengung. Seien wir vorsichtig mit der Kritik, sie führt bei vielen Kindern sehr schnell zur Entmutigung und schränkt das Vertrauen ins eigene Können ein. Wer mit Lob und Anerkennung nicht spart, spornt zu neuen Versuchen an. Einem Kind, das immer wieder wegen seiner schlechten Zensuren getadelt oder gar beschämt und verlacht wird, werden die Hausaufgaben und die Schule bald zur Last." Nein, gerade bei den Lernanfängen sei es sehr wichtig, daß sie behutsame mütterliche Stützung erfahren. Man könne zum Beispiel mit dem Kind verabreden, daß es riefe, wenn es eine bestimmte Menge geschrieben habe. Die Mutter käme dann und lobe, was sich an dem Werk Lobenswertes finden ließe. *Ein* Buchstabe werde sich schon finden, an dem man sich emporranken könne, den man zum Vorbild nähme für alle die, die noch nicht recht etwas geworden sind. Manchmal werde durch solche Maßnahmen das Kind von selbst angespornt, schlecht Geschriebenes noch einmal zu schreiben.

Wird ein Kind im ersten und zu Beginn des zweiten Schuljahres in dieser Weise gefördert, und kümmert man sich um das Kind, so kann man hoffen, daß es im dritten und vierten Schuljahr schon über das Stadium der Schularbeitenbeaufsichtigung hinauswächst. Wohl ist das Verstehen und das Interesse der Eltern an den Schulforderungen wichtig, die direkte Bevormundung und Überwachung aber wird bei gesunden Kindern im dritten und vierten Grundschuljahr schon als lästig und hemmend empfunden; denn die Aufgabe dieser Altersstufe ist es, das eigene Können zu erproben.

Manche Eltern haben hier folgenden Einwand – sie sagen: „Ja, die Schulaufgaben, die machen unsere Kinder schließlich auch allein, aber um so mehr sehen wir uns aus schlechten Erfahrungen mit den Klassenarbeiten gezwungen, diese durch Üben vorzubereiten. Wenn wir das nicht tun, mißlingen den Kindern die Klassenarbeiten, und sie verschlechtern sich. Wer hat je mit uns für die Schule gearbeitet, als wir Kinder waren – und trotzdem klappte es." Das ist ein richtig beobachteter Tatbestand; denn von den Zensuren der schriftlichen Arbeiten hängt es letztlich immer noch ab, ob ein Kind in der Schule Erfolg hat und versetzt wird oder nicht. Das gründliche Vorbereiten auf diese schriftlichen Arbeiten leistet aber der moderne Grundschulunterricht nicht in der gleichen Weise wie die alte

Schule. Daran liegt es, daß es heute in einem bisher nie ge-
kannten Maße vom Elternhaus abhängt, ob die Kinder in der
Schule Erfolg haben oder nicht. Das Üben ist eine Angelegenheit der Initiative der Kinder und der Eltern geworden – eine
Sache des Nachmittags. Denn es ist eine alte Weisheit: Nicht
zuletzt ist die Leistungsfähigkeit eine vom Erfolg abhängige
Größe. Ein Kind, das Erfolg hat, wird Freude an seinem Erfolg
haben, und die Freude wird seine Lust zu erneuter Anstrengung erhöhen, die vermehrte Anstrengung und Konzentration
aber bewirkt eine verbesserte Leistung. Ein Kind, das keinen
Erfolg hat, das wegen dieses Mangels an Erfolg noch getadelt
und bestraft wird, erlahmt im allgemeinen sehr schnell in seiner eigenen Initiative zur Arbeit und produziert immer nur
noch Schlechteres, oder es wendet sich in seiner Not einem Gebiet zu, in dem es – wenn vielleicht auch nicht Erfolg, so immerhin doch wenigstens Vergnügen haben kann –, dem Fußball, Fernsehen, den Autos usw.

Bemühte Eltern befinden sich also heute in der Situation,
darüber zu wachen, daß ihre Kinder für die Arbeiten in der
Schule so vorbereitet sind, daß Aussicht auf Erfolg besteht, das
heißt, sie müssen sich fragen, ob sie die Zeit, die Kenntnisse,
die seelische Fähigkeit, das heißt Ausdauer, Geduld und Trag-
fähigkeit haben, diese Aufgabe mit ihren Kindern durchzuführen; denn das ist wahrlich keine leichte Aufgabe. Sogar die
gewieftesten Pädagogen verzweifeln daran, ihre eigenen Kinder zu unterrichten, weil deren Versagen viel mehr aufregt als
das von fremden. Alles Schimpfen und Schlagen aber wirkt sich
zusätzlich ungünstig aus. Deshalb sollten Eltern, denen es an
Zeit und Geduld mangelt, dieses Amt zu übernehmen, rechtzeitig einen Helfer einspannen, der das Üben mehrmals wö-
chentlich übernimmt und *Start*hilfe, nicht *Nach*hilfe gibt. Was
hier an Kenntnisfundament rechtzeitig gelegt, was hier an Einschleifen von Mißerfolgen und Entmutigungserlebnissen ver-

hindert wird, macht sich später in einer mühelosen Leistungsfähigkeit und der Freude am Erfolg bezahlt.

Freilich gilt auch hier die wichtigste pädagogische Grund-
regel: Alles zu seiner Zeit und alles mit Maß! Ein überdehntes
Arbeitspensum ist ebenso gefährlich, wie ein zu geringes Trai-
ning des Grundwissens. Muß ein Kind zu lange arbeiten, gerät
es in die Gefahr, daß unter der Überforderung das gesamte Leistungsvermögen zusammenbricht. Mutet man ihm zu wenig
zu, entfalten sich die geistigen Kräfte nicht, die für eine quali-
fizierte Leistungsfähigkeit notwendig sind.

Das Entfalten der geistigen Kräfte wird heute ja zusätzlich
durch jene Überfütterung mit „vorgekauten Konsumgütern"
verhindert, von denen ich schon sprach. Wie können wir vermeiden, daß die Kinder hier zu einem bequemen Genießen ver-
zogen werden, das ihre schöpferischen Kräfte drosselt? Indem
wir nicht jeden Abend ab 5 Uhr bis zum Gute-Nacht-Sagen
fernsehen, wahllos das verbrauchend, was geboten wird, sondern indem wir das Fernsehen für die Kinder bei einem für sie
ausgewählten Programm zu einem besonderen, seltenen Ereignis machen. Indem wir mit unseren Kindern besprechen,
welche Kinostücke anzusehen für sie sinnvoll ist. Indem wir
aber auf jeden Fall das Spiel am Familientisch, das Basteln, das
Lesen, das schöpferische Arbeiten allem untätigen, passiven Anschauen vorziehen und in einer betonten Weise pflegen.

Schularbeiten und sinnvolles Spielen müssen außerdem in
einem guten, ausgewogenen Verhältnis zueinander stehen. Es
ist gefährlich, mit einem Kind, das in der Schule schwach ist,
sofort nach den Schularbeiten besondere Übungen für die
Schule anzuschließen. Ein Kind, das fünf Stunden Unterricht
hinter sich hat, und dann gleich nach dem Essen weiterarbei-
tet, braucht bis zu seinem 14. Lebensjahr eine zweistündige er-
holsame Spielpause. Es ist bei solchen schwachen Kindern viel
günstiger, das Abendessen ein wenig vorzuverlegen und im An-

schluß daran noch einmal mündliche Aufgaben abzuhören und kleine Übungen in dem Bereich vorzunehmen, die ihm schwerfallen. Die gemütliche halbe Stunde vor dem Schlafengehen zu solch einem Kümmern um die Schule einzurichten, hat viele Vorteile: Die alte Regel vom Buch unter dem Kopfkissen ist eine Weisheit, die eine lernpsychologische Wahrheit enthält: Richtet man vor dem Schlafengehen seine Gedanken auf das, was gelernt werden soll, so arbeitet das Gehirn des Nachts an der Fixierung des Stoffes weiter. Es ist bei dieser Methode gar nicht notwendig, daß die Vokabeln bis zum blitzartigen Reproduzieren eingepaukt werden. Schreibt man sich die schwer erlernbaren Worte ein- oder zweimal auf, so fallen sie am nächsten Morgen meist wieder ein. Wesentlich bei solcher abendlichen Stunde ist es, daß sie in Ruhe und Gemütlichkeit verläuft, so daß die Kinder sie als eine besinnliche Stunde der Zuwendung und der Gemeinsamkeit erleben können. Wer das nach des Tages Mühen nicht mehr leisten kann, soll es lieber ganz lassen. Unruhe, Schelte und Strafgericht vor dem Schlafengehen führen häufig zu Bettnässen, zu Einschlafstörungen oder zu nächtlichem Aufschreien, was die Leistungsfähigkeit zusätzlich beeinträchtigen kann.

Die gleichmäßige und tägliche Stunde des Kümmerns erspart auch das lernpsychologisch ungünstige lange Pauken einen Tag vor der schriftlichen Arbeit. Bei einem gleichen Zeitaufwand wird man auf diese Weise wesentlich mehr erreichen. Wenn man bedenkt, daß jeder Nachtschlaf eine zusätzliche Reife der Lernschritte mitbewirkt, so ist es wesentlich günstiger, einen Stoff, der beherrscht werden soll, in kleinen, aber regelmäßigen Übungen einzuprägen. „Mäßig, aber regelmäßig" ist hier abermals eine alte Weisheit, die einen Schlüssel zum Erfolg darstellt. Bei einer langdauernden, einmaligen Übung besteht die Gefahr, daß der Zeitdruck wie eine Überforderung, die Länge der Übungszeit als Überbürdung zu wirken beginnen und das Leistungsvermögen darüber zusammenbricht. Bekommt das Kind dann gar noch den Eindruck, der Aufgabe doch nicht gewachsen zu sein, so sind die Chancen, die das Kind für die Klassenarbeit am nächsten Tag mitbringt, geringer, als wenn es gar nichts getan hätte. Nichts ist als Voraussetzung zum Erfolg notwendiger als das Gefühl, der Leistungsforderung gewachsen zu sein. Dieses Gefühl: „Ich kann das", ist aber durch kleine, halbstündige tägliche Übungen eher zu erreichen als bei einer einmaligen unsinnigen Paukerei, die die Nacht zum Tage macht.

8. Erziehung zur Schulreife und deren Kriterien

Wir können dieses Kapitel der erziehenden Hilfe zur Leistungsfähigkeit nicht abschließen, ohne auf das uns heute neue Problem der Schulreife etwas näher einzugehen. Die Schule sucht das Problem, daß heute eine erhebliche Zahl von Kindern nicht in der Lage ist, den Unterrichtsanforderungen zu genügen, mit der Einrichtung von Schulreifeuntersuchungen zu lösen. Die Zurückstellung der nicht schulreifen Kinder – so erweist sich in der psychologischen Praxis – ist aber häufig nur eine äußere Lösung des Problems. Es muß hingegen die Frage gestellt werden: Wie können wir es durch Veränderung unserer Unterrichtsweisen und durch ein Untersuchen von Fehlerquellen dennoch erreichen, daß ein Großteil der Kinder während der Grundschuljahre ohne Verspätungen das Lesen, Schreiben und Rechnen erlernt? Mit der bequemen, schuldentlastenden Zensur Schulreife allein ist es nicht getan.

Diese Handhabung erscheint mir bequem und gefährlich zugleich. Ich möchte das begründen. Das Einschulungsalter mehr und mehr hinaufzuschieben, hat bedenkliche Konsequenzen:

Die Kinder werden zu alt im Schulbetrieb. Sie kommen zu spät in die Berufsausbildung, und sie werden viel zu spät selbständig zu eigenem Lebens- und Familienaufbau. Das bringt eine Fülle von neuen Problemen mit sich: Unruhe und Entmutigung führen zu Störungen seelischer und körperlicher Art, beschwören Verhaltensstörungen herauf, die als Durchbrüche durch eine nicht ertragbare Spannung zu werten sind – wie Studentenunruhen, Beatrummel, Verwahrlosung, Bandenwesen etc.

Abgesehen davon ist die Überdehnung der Ausbildungszeit und des Ausbildungsalters nicht nur eine unorganische, sondern auch eine unökonomische Angelegenheit. Manche Mädchen zum Beispiel bringen es auf diese Weise nur zu angefangenen Berufsausbildungen, bevor sie heiraten. Eine riesige Ausbildungsbeihilfe des Staates verpufft ins Leere, weil diese Frauen – auch nach dem Aufziehen ihrer Kinder – nicht wieder in ihren Beruf zurückgehen können, eben weil ihnen dazu der Abschluß fehlt. Kollektiv kann diese Maßnahme also zu einem Mangel an Konkurrenzfähigkeit gegenüber anderen Staaten führen, individuell *fördert* es Lebensschwierigkeiten der einzelnen Menschen, statt sie zu verringern.

Aber das Operieren mit dem Begriff Schulreife ist darüber hinaus auch bequem. Reifung, so könnte man definieren, heißt Funktionsvervollkommnung durch Selbstentfaltung. Reifung, das ist eine von inneren Faktoren abhängige Sache, wie etwa von Hormonen. Auf eine Reife muß man warten, genauso geduldig wie darauf, daß aus der Hyazinthenzwiebel eine Hyazinthe wächst.

Wenn wir unsere Kinder mit dem Stempel „nicht schulreif" versehen, so benehmen wir uns, wie wenn wir einen Hyazinthentopf wieder in den Keller zurückbringen, nachdem wir durch Lüften des Hütchens festgestellt haben, daß das Wachstum noch nicht weit genug fortgeschritten ist. Es erhebt sich aber die Frage: Ist so ein Begriff der Reife auf den Menschen überhaupt anwendbar? Trifft es für ihn zu, daß seine Geistigkeit wächst wie eine Blume, die aufblüht, „wenn ihre Stunde schlägt"?

Gewiß ist auch der Mensch ein sich entfaltendes Lebewesen. Aber diese seine Entfaltung ist keineswegs allein von inneren Reifungsvorgängen, sondern ebensosehr von äußeren Reizen abhängig, die für seine Entfaltung teils lebensnotwendig, teils lediglich entwicklungsfördernd sind. Fehlen diese Reize, so kann im einen Fall die Entwicklung verkümmern, im anderen Fall sich beträchtlich verlangsamen. Mit Hilfe von psychologischen Tests läßt sich so ein Entwicklungsstand messen, der an der Altersnorm geeicht ist und der nun also jeweils unter oder über der Altersnorm liegen kann. Auch Schulreifetests stellen dergestalt den Entwicklungsstand eines Kindes fest. Das Konstatieren einer mangelnden Schulreife müßte aber dann nicht eine Wartezeit, sondern eine nachholende intensive Förderung des betreffenden Kindes zur Konsequenz haben.

Es begegnen mir in der Praxis immer wieder einmal Kinder, die aufgrund dieses Verfahrens im Schulbetrieb gar nicht erst zur Einschulung kommen. Sie sind ein-, zwei-, dreimal zurückgestellt worden und werden dann – wenn sie das Glück haben, im Stadtbereich zu wohnen – von unserer städtischen Sonderschule erfaßt – und das, obgleich manche dieser Kinder eben keineswegs schwachsinnig sind, sondern ihnen nur die notwendige seelische und geistige Förderung fehlt.

Ich habe z. B. das Experiment gewagt, ein solches zweimal zurückgestelltes Kind, das eine unzureichende Sprachentwicklung aufwies, im Alter von sieben Jahren dennoch einschulen zu lassen und gleichzeitig eine intensive psychotherapeutische Behandlung mit ihm begonnen. Obgleich alle maßgeblichen Instanzen über die Einschulung nur den Kopf schüttelten, habe ich es erreicht, daß dieses Kind im Laufe des ersten Schuljahres den Entwicklungsrückstand aufholte. Der stimulierende Anreiz, der vom Schulstoff auf das Kind ausgeübt wurde, hat uns dabei gute Hilfe geleistet, die Schwierigkeiten rascher zu beseitigen. Wäre so ein Kind nicht eingeschult worden, wäre seine Entwicklung weiterhin geradezu künstlich behindert worden, und es wäre höchst fragwürdig gewesen, ob es mir bei der Schwere der Störung überhaupt gelungen wäre, das Kind ohne eine gleichzeitige Einschulung zu heilen.

Reife ist also – pädagogisch gesehen – auch und wesentlich eine Folge der Förderung des Kindes durch seine Erzieher. Kindergarten, Vorschule und Lebenshilfeeinrichtungen fallen hier große Aufgaben zu, besonders seit die Zahl der Kinder zugenommen hat, die ihre Lebenserhaltung überhaupt nur der modernen Medizin verdanken: Die Brutkastenkinder und Kinder mit langen Klinikaufenthalten im Säuglings- und Kleinkindalter leiden häufig unter partiellen Entwicklungsbehinderungen, die rechtzeitige Sonderbetreuung zwingend notwendig machen. Auf jeden Fall sollten sich Eltern darüber informieren, was Schulreife bedeutet, und wie man es erreichen kann, auch durch eigene Anstrengung zur Schulreife seiner Kinder beizutragen.

Ich möchte deshalb einige Kriterien für das Vorhandensein dieser sogenannten Schulreife vermitteln.

Voraussetzungen zum erfolgreichen Besuch einer Grundschule stellen folgende Fähigkeiten dar: Konzentrationsfähigkeit, Durchhaltefähigkeit, Beobachtungsfähigkeit, Imitationsfähigkeit, Gedächtnis, die Fähigkeit, einfache Zusammenhänge zu erfassen und die Fähigkeit zur Abstraktion, wie sie zunächst im Zahlenverständnis zum Ausdruck kommt. Ob ein sechsjähriges Kind dazu in der Lage ist, läßt sich nicht nur mit Hilfe von Tests, sondern vor allem durch elterliche Beobachtungen an ihren Kindern prüfen.

Ob ein Kind Beobachtungs- und Imitationsfähigkeit besitzt, läßt sich zum Beispiel daran erkennen, ob es Ansätze dazu zeigt, Gesehenes oder Dargestelltes nachzugestalten. Natürlich lassen sich diese Fähigkeiten nicht prüfen an Handlungsvollzü-

gen, die eine lange und differenziertere Übungszeit des Dar-
zustellenden voraussetzen. Man kann von einem Kind nicht erwarten, daß es Seiltanzen kann, wenn es jemanden Seiltanzen
sieht, daß es Klavierspielen kann, wenn es jemanden Klavierspielen sieht. Beobachtungs- und Imitationsfähigkeit läßt ich
am besten an einfachen Handlungsvollzügen erkennen, die eine Nachahmung zur Voraussetzung haben. Ein sechsjähriges
Kind muß zum Beispiel in der Lage sein, einfache Formsym-
bole, Kreis, Dreieck, Rechteck, Spirale und Schlinge nachzu-
zeichnen. Prüfbar ist diese Fähigkeit auch etwa dadurch, daß
man die Kinder auffordert, einen einfachen Satz wie „Klaus ist
da" nachzuschreiben, nachdem man diesen Satz in Druck-
buchstaben im Beisein des Kindes vorgeschrieben hat. Aber man
kann diese Fähigkeit natürlich auch an deren Bewegungsab-
läufen, die man vorführt und das Kind imitieren läßt, nachprüfen. Freilich kann man sich dabei nicht bereits eindressier-
ter Handlungsvollzüge bedienen, man muß einen Vorgang
wählen, der zumindest inhaltlich dem Kind neu ist. So kann
man das Kind zum Beispiel auffordern, farbige Perlen in einer
bestimmten Reihenfolge auf eine Schnur zu ziehen, man kann
das Kind auffordern, Steckbausteine in einer bestimmten Form-
und Farbfolge zu stecken usw.

Kinder, die noch nicht den Entwicklungsstand erreicht haben, aufgrund von Beobachtung imitierend handeln zu können, haben erfahrungsgemäß große Schwierigkeiten bereits
beim Erfassen einfacher Lernvorgänge wie zum Beispiel dem
Schreiben von Zahlen und Buchstaben.

Ob ihre Kinder Konzentrationsfähigkeit und Durchhaltefähigkeit haben, brauchen die Eltern im Grunde keineswegs
erst durch die Benotung der Schule und bei den Schularbeiten
festzustellen. Eltern, die sich Mühe machen, ihre Kinder beim
Spiel zu beobachten, wissen das längst vorher. Kinder, die in
dieser Weise gesund und altersentsprechend entwickelt sind,

können bereits als vier- und fünfjährige langdauernd, intensiv und vertieft spielen. Kinder, die in dieser Altersphase niemals bei einem Spiel durchhalten, die grundsätzlich von fluktuierender Aufmerksamkeit sind, die alle zwei Minuten etwas Neues anfangen müssen, ohne von der Spielaufgabe gefesselt zu werden, die Spiele nur lustlos beiseite werfen, um Neues ziellos zu überrennen – diese Kinder können auch in der Schule keine Konzentration und keine Durchhaltefähigkeit aufbringen. Sie haben einen Entwicklungsrückstand, ja meist eine Entwicklungsstörung. Sehr schön prüfbar sind diese Fähigkeiten zum Beispiel an jenem Holzbaukasten mit Schrauben und Latten, Baufix genannt. Es gehört einige Konzentration für ein sechsjähriges Kind dazu, eine Baufixschaukel oder einen Baufixroller nach der Vorlage herzustellen; denn es gilt, ein vorgeschriebenes Arbeitsziel so lange zu verfolgen, bis es verwirklicht ist und das trotz aller Tücken, die das Objekt bei seiner Gestaltung in sich birgt. Diese Fähigkeit, Unangenehmes, Mißerfolge und Mühe zu ertragen und ein Ziel hartnäckig anzupeilen, gehört zu den Voraussetzungen jeder erfolgreichen Arbeit, die von dem Kind in der Schule erwartet wird.

Die Erinnerungsfähigkeit eines Kindes läßt sich leicht nachprüfen – etwa durch Einführung neuer Begriffe beim Ansehen eines Bilderbuches, beim Vorsprechen eines Verschens oder dem Vor- und Nachsprechen von drei bis vier Zahlen. Bei den ersten beiden Beispielen regt man etwa am nächsten Tag zum Wiederholen des Textes oder des neuen Begriffes durch nochmaliges Besehen des Buches an. Merkwürdigerweise pflegt das Gedächtnis der Kinder in den seltensten Fällen schwach zu sein. Die Merkfähigkeit der Kinder in dieser Altersstufe ist oft sogar besser als die der Erwachsenen, die dann daraus den – manchmal irrigen – Schluß ziehen, besonders kluge, besonders lernfähige Kinder zu haben. Die Leistungsfähigkeit seines Gedächtnisses hilft einem Kind aber nur wenig bei seinem Fortkommen in der Schule, wenn nicht die zum Teil bereits beschriebenen Fähigkeiten als Voraussetzung zur Lernfähigkeit ebenfalls ausgebildet sind.

Eltern, die auf diese Weise im sechsten Lebensjahr ihres Kindes feststellen, daß es vermutlich noch nicht reif ist für den Schulbesuch, sollten Förderungsschritte unternehmen. Häufig tut der Besuch des Kindergartens oder einer Vorschulklasse ein Jahr vor der Einschulung Wunder; in schwereren Fällen ist eine psychotherapeutische Betreuung ratsam. Oft können aber auch die Eltern durch Einsatz von Zeit und Anregung den Rückstand allein mit ihren Kindern aufholen.

9. Schule, wohin?

Zwanzig Prozent der Schüler an den Hauptschulen schaffen es heute nicht, dort einen Abschluß zu erreichen, mindestens fünfzehn Prozent aller Schüler leiden an einer erheblichen Lernbehinderung, viele davon an Legasthenie; an der Numerus-clausus-Barriere zur Hochschule stauen sich Abiturienten und finden keinen Studienplatz; die Zahl der verhaltensgestörten, konzentrationsunfähigen Schulkinder in der Bundesrepublik Deutschland ist Legion. Dies alles sind negative Bilanzen einer Entwicklung, die uns zusätzlich die Reflexion aufnötigt: Sind unsere allgemeinbildenden Schulen mitbeteiligt an dieser Entwicklung? Und wenn ja: Wohin soll das führen? Müssen wir nicht aus solchen Alarmzeichen lernen, indem wir fragen: Schule – wohin?

Ein Beispiel aus der Praxis. Ein Ehepaar, Bauern aus dem Umkreis Uelzens, kommt mit seinem Kind, einem achtjährigen Mädchen, zur Beratung. Vor zwei Jahren ist die zweiklassige Grundschule des Dorfes abgeschafft worden, man hat das Kind in die Mittelpunktschule des nahen Fleckens integriert. Heike versagt in dieser Schule. Sie träumt, sagt die Lehrerin, sitzt müde in der Bank, beteiligt sich nicht am Unterricht. Heikes Schulweg, so berichten die Eltern, sieht folgendermaßen aus: Um sieben Uhr werden die Kinder mit dem Schulbus abgeholt. Heikes Dorf ist seine erste Station. Dann fährt der Bus von Dorf zu Dorf, sammelt die Kinder ein und liefert sie in der Mittelpunktschule ab. Fahrtdauer: vierzig Minuten. In dieser Zeit kann man die Schule auf der direkten Straße auch als Fußgänger erreichen. Aber das erscheint den Eltern wegen der belebten Straße noch zu riskant und zu anstrengend für das Kind. Aber auch die lange Busfahrt ist für Heike anstrengend, sagen die Eltern, sie kommt jeden Tag wie zerschlagen aus der Schule heim. Ist Heike durch den für sie zu langen Schulweg so eingeschränkt in ihrem Leistungsvermögen? Der Kinderarzt und ich, die wir kurz nacheinander das Kind zu untersuchen haben, müssen diese Frage bejahen; denn Heike hat eine recht gute Intelligenz, so sagen unsere Tests, sie ist kein Spätentwickler, aber von zarter Konstitution, und der lange Transport zur Schule stellt für sie eine Überforderung dar. Und es kommt für Heike noch etwas anderes hinzu, das sie sogar schon selbst ausdrücken kann: „Wir sind immer *so* viele", sagte sie, „und die Jungs sind immer so laut, sie schubsen und hauen – auch im Bus, und oft müssen wir nach der Schule noch so lange warten, bis der Bus losfährt."

Nun ist der Fall Heike wohl ein besonders extremer, aber gewiß kein Einzelfall. Er zeigt, daß für manches Grundschulkind die Zentralisation zur Großschule eine Überforderung darstellt, die seine Leistungsfähigkeit nicht erhöht, sondern mindert.

Damit will ich nun keineswegs behaupten, daß die Vorteile, die man sich von der Zentralisierung der Schulen erhofft hat, überhaupt nicht sichtbar geworden seien. Es ist gewiß richtig, daß auf diese Weise besonders für ältere Schüler durch die Möglichkeit eines vielfältigen Angebots an Fachlehrkräften und

Lernmitteln eine breitere Bildungsmöglichkeit entstanden ist. Vom entwicklungspsychologischen Gesichtspunkt aus muß man aber vor einem zu frühen Fahrschülerschicksal warnen. Es stellt sicher nicht nur für Heike, sondern auch für viele andere Grundschulkinder eine Verfrühung dar. Kinder in diesem Alter müssen ja erst langsam in eine Gemeinschaft hineinwachsen. Überdehnte Abwesenheit von der häuslichen Umgebung, zu große Kindermassen, zuviel Lärm, zu lange Wartezeiten verschleißen ihre Kräfte, weil sie Unlust-erzeugend sind. Und die Verarbeitung von zuviel Unlust kostet Kraft, die sonst den Lernaufgaben zufließen könnte.

Es ist darüber hinaus eine durch nichts begründete Fehlvorstellung, daß ein Kind sich in der Masse geborgen fühlt; im Gegenteil: das Kind wird als Einzelwesen geboren, es braucht viel individuelle Betreuung durch ein konstantes Du, ehe es die Einengung durch viele Gleichaltrige ertragen kann, ohne an seiner Seele Schaden zu nehmen. Und da unter den Grundschulkindern heute viele sind, die in dieser Hinsicht nicht altersentsprechend abgesättigt worden sind, ist aufgrund einer dadurch entstandenen psychischen Entwicklungshemmung im Grundschulalter erst recht noch nicht die Voraussetzung gegeben, Kindermassen zu verkraften.

Kinderleiden dieser Art zeigen sich aber selten, wie bei Heike, als ein Unglücklichsein, das sich artikulieren läßt – sie zeigen sich vielmehr bei den meisten Kindern als Aggressionen, als motorische Unruhe, als Zappeligkeit, Unkonzentriertheit im Unterricht und Lustlosigkeit bei den Schularbeiten.

Vom entwicklungspsychologischen Gesichtspunkt her möchte man deshalb vor einer verfrühten Integration des Grundschulkindes in die Mittelpunktschule warnen, man möchte, wie es das Baden-Württembergische Kultusministerium auch bereits fordert, daran mitwirken, daß die Klassenstärke nicht zu groß, die Schulwege nicht zu weit und Beschulungsmöglichkeiten in kleinen Klassen vor Ort nicht gänzlich abgeschafft werden.

Tendenzen zur Verfrühung, die der geistigen Entfaltung der Kinder eher abträglich als förderlich sind, zeigt die Grundschule auch sowohl in bezug auf das kognitive, rein intellektualistische Lernen als in bezug auf die Sexualerziehung. Ich möchte auf diese beiden Bereiche etwas näher eingehen.

Die Einseitigkeit unseres Zeitgeistes, die dem wissenschaftlichen Denken mit einer Art Wissenschaftsvergötzung den höchsten Rang zumißt, hat in den letzten Jahren verstärkt dazu geführt, daß man die wertvollen entwicklungspsychologischen und methodisch-pädagogischen Erfahrungen für das Grundschulkind, die schon gute Früchte getragen hatten, zugunsten einer gehetzten Intellektualisierung der Grundschule wieder vernachlässigte. Die Stundenzahlen der reinen Lernfächer wurden nun immer größer, schon in der Grundschule wurden immer mehr Fachlehrer nötig, und die abstrakte Methode der Recheneinführung, die Mengenlehre, setzte dieser Tendenzwende die Krone auf. Tendenzen dieser Art mißachten, daß Grundschulkinder im allgemeinen noch keineswegs kausal zu denken in der Lage sind, sie mißachten, daß das Abstraktionsvermögen dem Menschen bei seiner Geburt nicht parat mitgeliefert wird, sondern daß der Mensch etwa um die Zehnjährigkeit auf solche Möglichkeiten seiner Intelligenz zuwächst.

Verfrühungen des pädagogischen Eingriffs schaden grundsätzlich, Verfrühungen der Intellektualisierung schaden aber speziell, denn sie entmutigen gerade auf diesem so hoch gewerteten Sektor und erschweren die auf den weiterführenden Schulen so notwendige Motivation zu eigenständigen Leistungen auf diesem Sektor. Als Fachfrau mag man sich verbittert fragen, welche Torheit uns in eine solche zusätzliche Verschlechterung unserer Lage hat treiben können, einer Lage, die

von den ohnehin schon psychisch labilen Kindern der technischen Welt gar nicht bewältigt werden kann.

Schaut man in bezug auf diese Verschlechterung genau hin,
so ergibt sich, daß wir im pädagogischen Feld im Rausch der
Entdeckerfreude einer *Verabsolutierung* der Milieutheorie verfallen sind. So führte die Erkenntnis über die doch erhebliche
erzieherische charakterliche Beeinflußbarkeit des Menschen zu
der Übertreibung, daß dem Menschen generell „unendliche
Lernfähigkeit und unendliche Erziehbarkeit" zuzuschreiben
sei. Wenn aus dem Menschen *alles* zu machen ist, wenn der
Mensch, wie einst Rousseau meinte, bei seiner Geburt ausschließlich weiches Wachs ist, in das die Erzieher ihre Stempel
prägen, so muß man möglichst früh einsetzen und möglichst
früh das aus ihm machen, was nun einmal an höchster Stelle
steht; und das ist heute der möglichst hochgetrimmte Intellekt.

Die Schule ist damit in den Sog eines Zeitgeistes geraten, der
bedenklich stimmen muß; denn erstens ist der Mensch einseitig, wenn er auf Intellektualität spezialisiert wird. Als Hirnro-
boter ist der Mensch offenbar nicht gedacht – er wird dann
doch schließlich nur seine eigene Karikatur. Und außerdem ist
es mittlerweile wissenschaftlich klar, daß der Mensch durch sein
Erbgut teilweise bereits programmiert ist, dem Erzieher aber
eine – wenn auch nur begrenzte – Modifikationsbreite in er-
heblichem Ausmaß übrig bleibt.

Dennoch meine ich, daß es sich lohnt, an dieser Stelle zu fragen, warum die Schule in den Sog eines solchen Zeitgeistes geraten konnte, eines Zeitgeistes, der sich von der Realität des lebendigen Wesens Kind entfernt und einer einseitigen Übertreibung des totalen Erziehenkönnens verfällt, die den Mißerfolg bereits impliziert, der jetzt bereits mehr als sichtbar ist. Ein
wenig versteckt, aber doch ziemlich deutlich läßt sich hinter
dieser Gier, aus den Kindern so rasch wie möglich Computer-
köpfe zu machen, eine alte gefährliche Versuchung des Adam-

Menschen entdecken: sich selbst machen zu können, sich allein machen zu können. Wenn alle Kinder angeborenerweise gleich sind, werden wir sie nach unserem Willen machen können. Machen wir sie alle zu Wissenschaftlern, so wird der Mensch durch Wissenschaft und wissenschaftliche Vernunft endlich dazu ansetzen können, sich in naher Zukunft sein Paradies selbst zu bauen.

Diese Versuchung wird in unserer Gesellschaft ganz mächtig und setzt das Kind einer unbekömmlichen Manipulation aus. Hinter der hektischen Gleichheitsideologie, hinter den unrealistischen, verfrühten, einseitigen Trainingsprogrammen der Schule wird ein neuer Aufguß der alten Versuchung des Menschen deutlich: endlich sein zu können wie Gott, endlich der eigene Schöpfer zu sein und der bisherigen Abhängigkeit von ihm zu entfliehen.

Eine Vergewaltigung des Kindes durch Frühintellektualisierung bewirkt leider keine Steigerung, sondern eine erhebliche Verringerung des Gesamtniveaus der Intelligenz – eben weil sie sich dann auch nicht mehr zur rechten Zeit hinlänglich entfaltet. Dazu fehlt den fehldressierten Kindern die Lust – und kein Lehrer kann sie ihnen, selbst mit den raffiniertesten Methoden, dann wieder schaffen.

Aber nicht nur dies: Unser ideologischer, unrealistischer Trend ist es schließlich auch, der die fürchterliche Sackgassensituation an unseren Oberschulen heraufbeschworen hat. Was dort geschehen ist – dieser Stau von Abiturienten, für die man nicht genug Ausbildungsplätze hat, diese gefährliche Notwendigkeit Numerus clausus, diese so künstliche Erschwerung des Lebens der jungen Menschen, die bei realistischer Planung niemals hätte stattzufinden brauchen, ja, die nicht einmal stattgefunden hätte, wenn man nur alles beim alten gelassen hätte, sie bleibt gänzlich unbegreiflich, wenn man die einseitige Überbewertung intellektualistischer Leistung, wenn man nicht den

Hintergrund mitsähe: den irren Versuch des Menschen, den Menschen durch sich selbst, und das heißt: durch Verwissenschaftlichung selbst machen zu wollen. Ein gefährlich falsches Menschenbild ist auch hier die innerste Ursache unserer großen neuen, künstlichen Not. Es ist nicht wahr, daß nur der wissenschaftlich gebildete Mensch etwas taugt. Es ist nicht wahr, daß der Intellekt der höchste Wert ist; im Gegenteil: dadurch daß man die vielen anders Begabten, die zum Handwerk taugen, die zum Künstlerischen taugen, die zum Fürsorglichen taugen allein in die Bahn des Intellektualistischen drängt, schafft man nicht nur viel zu viele von dieser einen Sorte – man tut der Verschiedenheit der Begabungen auch großes Unrecht! Man verkennt den Wert vieler Einzelner, wenn man alle über einen Kamm scheren will. Ein solches Streben nach Gerechtigkeit mit einem falschen ideologischen Ansatz hat mit Fortschritt zu mehr Menschlichkeit nichts zu tun.

Um nicht nur zu schimpfen: Wer nach Süddeutschland schaut, kann hier in einem Reformplan eine ganz bewußte und gezielte positive Gegentendenz feststellen. Diese Kultusministerien führen ein: die kleine Klasse, die Betonung musischer und handwerklicher Fächer, die Reduzierung der Fächer, die rein kognitives Denken fördern, entwickeln ausdrücklich ein Programm zur Förderung der schöpferischen Fähigkeiten der Kinder, wenden sich ab von ideologischem, utopischem Wunschdenken und fassen das Streben nach Chancengleichheit auf als „eine Verringerung der Chancenungleichheit im Rahmen des Möglichen". Ein kräftiger Silberstreifen am Horizont also.

Von der Tiefen- und Entwicklungspsychologie her muß ich weiter warnen vor den Auswüchsen, die auf dem Boden einer verfrühten Sexualerziehung für die Schule erwachsen sind – auch hier auf dem gleichen geistigen Hintergrund: Eine Ideologie, die Vorgegebenes, ererbt Mitgegebenes und möglicherweise Verschiedenartiges total verleugnet, muß auch leugnen, daß es einen angeborenen, sich allmählich entfaltenden, mit der Pubertät manifest werdenden Sexualtrieb gibt. Nach dieser Ideologie muß Sexualität gelernt werden – sonst bleibt sie angeblich aus. Solche Ideologen sind deshalb leicht an ihren Empfehlungen zur frühkindlichen Stimulation und Anreizung zur Sexualität zu erkennen.

Aber seit Freud wissen wir: Das Kind befindet sich in bezug auf den Sexualtrieb, speziell in der Grundschulzeit, in der sogenannten Latenzphase. In dieser Zeit ist es besonders wenig aufgeschlossen für Sexualität, es hat anderes, Phasenspezifisches in Kopf und Sinn, es ist am Lernen von Realität und gleichaltriger Gemeinschaft viel brennender interessiert. Weil das Reden, Zeigen oder gar Trainieren von Sexualität nicht in die entwicklungspsychologische Wirklichkeit von Sechs- bis Zehnjährigen gehört, kommen immer mehr Grundschulkinder von der Schule nach Hause und sagen zu ihren entsetzten Müttern, angeekelt die Zunge heraushängend: „Schon wieder diese blöde Aufklärung – bäääh!" Jedenfalls ist gewiß, daß man hier durch Bilder mit blutigen Szenen über die Geburt, mit Paarungsszenen und Aufklärungen über Verhütungsmittel, AIDS und Koitusstellungen zuviel und zu früh tut.

Auch noch in vieler anderer Hinsicht hat die oben beschriebene Ideologie unsere Schule auf einen verhängnisvollen Kurs gebracht: Nicht als konstruktiv, sondern als destruktiv hat sich zum Beispiel die Tendenz erwiesen, den Schüler so schnell wie möglich in die Rolle des erwachsenen, selbstbestimmenden und kritikfähigen Menschen zu pressen, der kraft seiner mündigen Urteilsfähigkeit darüber zu wachen hat, daß ihn keiner der Eltern, Lehrer oder Staatsmänner unterdrückt. Im Zuge dieser Doktrin wird in vielen Schulbüchern versucht, Mißtrauen gegen Eltern und Lehrer zu säen und zum Widerstand gegen sie aufzurufen. Den Gipfel dieser Schultendenz bildete jener Satz aus einem niedersächsischen Schulbuch: „Wenn die Eltern um die Ecke glotzen, mußt du ihnen in die Fresse rotzen!" Aber eine Erziehung zur sogenannten Kritikfähigkeit mit solchen Mitteln ist unrealistisch, unpädagogisch und dem höchst ehrenwerten Ziel abträglich. Wir benehmen uns damit nicht anders als die Maler des Mittelalters, die die Kinder als Miniaturen von Erwachsenen malten. Schulkinder sind keine vollwüchsigen Demokraten. Ein umfängliches Lern-, Erfahrungs- und Reifungsprogramm muß ein Mensch absolvieren, wenn er je Erwachsensein erreichen will. Verfrühungen der Erwachsenenrollen schaden aber auch auf diesem Sektor mehr als sie nützen. Diese sogenannte Konfliktpädagogik, die unseren Kindern in einigen Ländern laut ministeriellem Erlaß aufgenötigt worden ist, ist mit schuld daran, daß manche Jugendliche ihren Eltern die Schultasche vor die Füße geworfen haben und in einem Sucht- oder Gammlerelend untergetaucht sind.

Als mündige Bürger, als verantwortungsbewußte Eltern sollten wir uns aufgerufen fühlen, solche existentiell gefährlichen Irrgänge abzublocken. Modelle dafür sind beachtenswert realistisch und nüchtern in den neuen Reformbestrebungen in Baden-Württemberg ausgearbeitet worden. Dort heißt es: „Im Vordergrund der pädagogischen Bemühungen der Schule steht die Zuwendung zum Kind. Es darf vor allem in der Grundschule nicht schon überfordert werden. Deshalb müssen neben dem kognitiven Lernen auch andere Einstellungen und Fähigkeiten gefördert werden. Vornehmstes Ziel aller schulischen Bildung ist, Hilfe zum Leben zu bieten. Soll das erreicht werden, so bedarf es eines auf Vertrauen und Partnerschaft aufbauenden Zusammenwirkens von Lehrern, Eltern und mit zunehmendem Alter auch von Schülern in der Schule. Dabei können nicht Mitbestimmungsmodelle angewendet werden, wie sie in der Wirtschaft ihre Gültigkeit haben mögen; vielmehr kommt es darauf an, daß jede Gruppe ihre Pflichten nach besten Kräften erfüllt und Verständnis für ihre Aufgaben und Entscheidungen bei den anderen Gruppen schafft. Der Lehrer hat dabei einen erzieherischen Anspruch zu verwirklichen und einen in Grundgesetz und Verfassung verankerten Auftrag zu erfüllen. Das kann nicht auf der Basis des Mißtrauens und eines Konfliktmodells geschehen."

Nach Stuttgart und München also sollten wir getrost schauen – hier beginnt man Reformen, die realitätsgerechte Schulpolitik bedeuten. Sie sind auch gewiß nötig, um unsere Kinder aus dem Strudel von Schulversuchen zu reißen, die nicht anhand der Beobachtung von Schulkindern, sondern über ihre Köpfe hinweg an Schreibtischen ersonnen wurden. Unsere Kinder haben ein Recht auf seelische Gesundheit, ein Recht auf altersentsprechende Förderung. Halten wir mit Wache, daß diese Prämissen des Grundgesetzes erfüllt und nicht durch Wirrköpfe gemindert werden.

10. Pubertätsbedingte Leistungsstörungen

Gibt es nun letztlich auch Möglichkeiten, um den akut ausbrechenden Arbeitsstörungen in der Pubertät vorzubeugen oder sie zu beseitigen? Häufig sind die Arbeitsstörungen der Pubertät nur ein Sichtbarwerden alter Störungen. Unter den auslösenden Schwierigkeiten tritt dann das Wesen einer alten Antriebsstörung zutage. Hier können wir nur heilend einwirken, wenn wir danach trachten, diese Erlebnismöglichkeiten im oben beschriebenen Sinne nachzuholen.

Eine Ausnahme bilden in diesem Alter die Störungen, die durch sexuelle Probleme hervorgerufen werden. Ich kann dieses Gebiet hier nur streifen, möchte aber betont darauf verweisen, daß einem Leistungsversagen in der Pubertät, das durch sexuelle Probleme hervorgerufen wurde, vorgebeugt werden kann, und zwar durch eine rechtzeitige angemessene Aufklärung der Heranwachsenden, in der ihnen in bejahender Klarheit das Sinnvolle der Reifungsvorgänge deutlich gemacht wird.

Andererseits sollte auch auf die Problematik sehr früher sexueller Beziehungen hingewiesen werden. Wie zu keiner anderen Zeit vor uns ist es heute notwendig, daß die Erwachsenen den Kindern eine klare Richtung vorleben und ihnen deutlich machen, daß sie sich den Problemen, die um die Geschlechtlichkeit bei den Jugendlichen auftauchen, in ehrlicher Weise und im ehrlichen Gespräch mit ihnen stellen. Wir brauchen uns nicht einzubilden, daß wir uns als Erzieher um eine Führung der Jugendlichen in ihren Reifekrisen herummogeln können, indem wir ihnen mit Antibabypillen und Präservativen, mit „Bravo"-Aufklärung einen Freipaß zur sexuellen Betätigung von der Geschlechtsreife ab in die Hand drücken. Praktiken dieser Art führen nach jüngsten Erfahrungen eher zu einem Erlahmen der Leistungsfähigkeit als zu der erhofften leistungssteigernden Entspannung. Solche Rezepte fußen auf einer zu primitiven Vorstellung über die Voraussetzungen, die es einem Menschen ermöglichen, ein Kulturwesen zu werden.

Neue Schulnöte heute entstehen in der Pubertät dadurch, daß zu früh begonnener Geschlechtsverkehr die Richtung des Interesses ablenkt. Die Fixierung der Gedankenwelt bei Jungen und Mädchen auf die Sexualität allein mindert die schulische Intention und damit häufig auch das Leistungsniveau. Die „Pille", so hat Prof. Kreutzfeld vom Max-Planck-Institut Göttingen nachgewiesen, mindert zudem in der 2. Zyklushälfte die Reaktionsfähigkeit der Mädchen und trägt so zur Verminderung ihrer schulischen Leistungsfähigkeit bei.

(Weitere Hilfen bei Problemen des Jugendalters: Christa Meves: „Unsere Kinder wachsen heran – wie wir ihnen dabei helfen können", Verlag Weißes Kreuz.)

Dieter Günter

Fragen um die Schule
aus der Sicht des Lehrers

I.
Krisenpunkte der Schule heute

1. Die Priorität der Bedürfnisse der Erwachsenen vor den Lebensrechten des Kindes

Die Schulreformen der letzten Jahre haben es versäumt, das Kind und seine Bedürfnisse wirklich primär in den Mittelpunkt zu stellen. Indem man in der sogenannten „wissenschaftlichen Pädagogik" unter dem Schlagwort der „Verwissenschaftlichung" den Fachdidaktiken weitaus mehr Bedeutung zumaß als den fundamentalen Geisteswissenschaften Philosophie, Psychologie und Pädagogik – dies schlägt sich z. B. verhängnisvoll in der Lehrerausbildung nieder –, vergaß man die grundlegenden Rechte des Kindes.

Der Selbstverwirklichungsanspruch der Erwachsenen und der Gesellschaft wurde mehr und mehr vorrangig. Allein wegen der Berufstätigkeit beider Elternteile wird z. B. die Forderung nach der Ganztagsschule immer lauter, und jüngst empfahl gar das christlich-demokratisch geführte Familienministerium aus purer erwachsenenzentrierter Motivation den „Kindergartenplatz" ab dem zweiten Lebensjahr. Der Drang zur Vorverlegung der Einschulung auf das 5. oder gar 4. Lebensjahr und die Diskussion um die Verkürzung der Sekundarschulzeit entspringen ebenfalls Motiven egozentrischer Denkrichtungen von Erwachsenen. Die metaphysische Welt kindlicher Originalität bleibt unberücksichtigt!

Die Rechte des Kindes sind während aller Schulreformen der letzten Jahre vergessen und mißachtet worden. Von Bildungspolitikern und -ideologen wurde und wird der fundamentale

Wert und das Besondere in der Wesensart des Kindes verkannt, ja ignoriert.

Unsere Kinder wurden zum Spielball im Methoden- und Systemstreit (Ganzheitsmethode, Mengenlehre, Curriculumforschung, Schulorganisation etc.). Ignorante und ideologiebesessene Befürworter neuer, pseudowissenschaftlicher Methoden und Schulversuche verunsicherten Eltern und brachten die ihnen nicht ins Konzept passenden Grundformen erzieherischer Systeme durch herabsetzende Formulierungen in Mißkredit. So lenkten sie von den wirklichen Schulnöten unserer Kinder ab.

Niemals ist von den Befürwortern der Großschule auch nur annähernd der Beweis erbracht worden, daß diese Schulen kindgemäßer sind und im pädagogischen Sinne bessere Ergebnisse bringen.

Im Gegenteil: Zehnjährige, die vorher überschaubare dörfliche Schulen besucht und durchschnittliche Leistungen erbracht hatten, versagten nicht selten in Großraumschulen. Im Milieu dieser Mammutsysteme und im Getümmel von Hunderten oder gar Tausenden von Schülern in betonierten Blöcken traten Irritationen auf, die Schulleistungen ließen rapide nach. Häufig sind Schlafstörungen, Nabelkoliken, Appetitstörungen und Schulschwänzen deutliche Appelle an die Eltern und Lehrer, Appelle von Kindern, die aufgrund ihrer Heimatlosigkeit in den zwischenmenschlichen Beziehungen schwer gestört sind.

Zum Nachteil für unsere Kinder hat eine so notwendige innere Schulreform, die einerseits das höchste Gut, nämlich die Persönlichkeit des Kindes, zum Ziele hat und die andererseits sein Hineinwachsen in eine veränderte, moderne Welt ermöglicht, nie stattgefunden.

Das Verhalten der Reformer war und ist egozentrisch. Man betrachtete das Kind nach den Bedürfnissen der Erwachsenen, nach den Maßstäben der Wirtschaft und Wirtschaftlichkeit, nach der politischen Opportunität und vergaß dabei, daß zum einen jeder sich entwickelnde Mensch eine eigene, unverwechselbar einmalige Seele hat und daß zum anderen Kindheit eine spezifische Qualität besitzt mit besonderen Gegebenheiten und Möglichkeiten, aber deshalb auch mit dem Recht auf Entfaltung dieses Eigenartigen. Nicht „ein Rückschlag in Überholtes", wie so oft fortschrittssüchtige Bildungstechnokraten die Bedenken von Pädagogen leichtfertig und arrogant abtun, sind die schwerwiegenden Zweifel am Erfolg der Schulreformen der letzten Jahre. Vielmehr ist es höchste Zeit, den äußeren Veränderungen in Schulstruktur und Unterricht innerschulische, am Kind orientierte Verbesserungen folgen zu lassen und entgegenzusetzen. Priorität sollte eine Erziehung haben, die „vom Kinde ausgeht" und die das Kind optimal so fördert, daß es eine tragfähige geistig-seelische Basis für sein Leben als Erwachsener gewinnt. Deshalb muß die Schule dem einzelnen Kind, seinen Problemstellungen und Nöten mehr Rechnung tragen. Nur so vermögen Kinder und Jugendliche sich in der Schule verstanden und geborgen zu fühlen, nur so werden sie imstande sein, all ihre Anlagen zu entfalten.

Beispielsweise kann es nicht ausreichen, daß man die Organisationsform „Frontalunterricht", nach der noch unsere Eltern und Großeltern unterrichtet wurden, in ein neues Schema „Gruppenunterricht" oder „Kurs" gewandelt hat. Erst wenn jeder Lehrer sich unter dem Einsatz all seiner Kräfte müht, jeden Schüler individuell kennenzulernen, ist die technokratische Hülle, die Richtlinienschablone gesprengt. Erst dann kann von kindgemäßem Unterricht gesprochen werden.

Bekannt ist es schließlich schon lange, daß der Mensch nicht nur aus Geist und Verstand besteht, daß er darüber hinaus Leib und Seele hat. Aus reiner Wissensgläubigkeit und ehrgeizigem Erwachsenendenken heraus kam in den letzten Jahren das „Musische", ein aus den Richtlinien und Lehrplänen verdrängter Begriff, zu kurz. Singen, Musizieren, Spielen, Malen, Zeichnen, Werken, Turnen, Tanzen und Beten sprechen das Herz des Kindes an und vermitteln Erfolgserlebnisse, spenden Zuversicht und Lebensfreude. Zuviel diskutierte man über Innovationsmöglichkeiten, über äußere Formen und vergaß dabei die Bildung des ganzen Menschen.

Hierzu gehört u. a. die Rücksichtnahme auf die Interessen der Schüler in ihrer Freizeit. Hierzu gehört auch die enge Kontaktpflege des Lehrers oder der Lehrerin mit den Eltern. Wann wird endlich den Freizeitinteressen Sport – Spiel – Feier – Familie – Freundschaft – Weiterbildung – in besonderer Form von Kursen und Arbeitsgemeinschaften angemessen Rechnung getragen? Die Bildungsstrategen am grünen Tisch haben bisher kaum Zureichendes bewirkt. Über Art und Umfang derartiger Veranstaltungen sollte jede einzelne Schule in einer überschaubaren Größe (Eltern – Lehrer – Schüler) unabhängig von sogenannten Rahmenrichtlinien, frei von staatlicher Reglementierung, selbst entscheiden können.

Welche Fragen ergeben sich daraus, daß die Persönlichkeit des Kindes aus dem Blickfeld geriet, und wie drücken sich die Leiden der mißachteten kindlichen Seele im einzelnen aus?

2. Die Anonymität

Der Mensch, und somit auch schon das Kind, ist ein „zoon politikon", ein geselliges Wesen, wie bereits Aristoteles lehrte. Alle seelischen Anlagen entfalten sich erst im Zusammenleben mit anderen Menschen.

Nur in einer fest verwurzelten Gemeinschaft kann sich das Individuum voll entwickeln, nur hier vermag die Persönlichkeit zu reifen.

Für das Kind ist der erste Ort, der zu diesem Ziele hinführt, die Familie. Die nachfolgenden Zentren persönlichkeitsbildender Atmosphäre finden wir im Kindergarten und in der Schule.

Wie stellt sich das heutige Schulsystem dieser hohen, anspruchsvollen Aufgabe? – Gewiß unzureichend. Von Gemeinschaft kann man nur sprechen, wenn Menschen sich im überschaubaren Kreis begegnen. Bindet man aber den Menschen ein in nüchtern errechnete, viel zu umfangreiche Zweckverbindungen, so haben wir es nicht mehr mit Gemeinschaft, sondern mit dem Zweckverband der Gesellschaft (vgl. Tönnies und Wust) zu tun. Es entsteht die inhumane Schule, die der personalen Bedeutung des einzelnen Kindes nicht gerecht werden kann.

Man muß sich fragen, welche Vor- und Nachteile die Zentralisierung zur Großschule den Kindern gebracht hat. Gewiß ist das Angebot an Fachlehrern z. B. in den Bereichen Sport, Hauswirtschaft, Kunst oder Musik vielfältiger als bei den kleineren Regionalschulen. Lehr- und Lernmittel eröffnen breitere Möglichkeiten, die Fülle an Lehrstoff „an das Kind" heranzubringen.

Andererseits hat sich mit den großen Ansammlungen von Lehrern und Schülern die Anonymität ausgebreitet. Diese beginnt für jüngere Kinder bereits im Schulbus, der nicht selten stundenlang über viele Orte fährt, der Kinder aufliest, einsammelt – Kinder, die in den frühen Morgenstunden bereits ihren einzig überschaubaren Lebensraum, ihr Dorf, ihr Zuhause verlassen müssen. Wartezeiten an Haltestellen, Sorge um Pünktlichkeit, Angst vor Ungewissem nehmen Kräfte in Anspruch, die eigentlich für lebensnotwendige Aufgaben gebraucht werden. Im Unterricht machen sich Müdigkeit, Konzentrationsschwäche, Desinteresse, motorische Unruhe breit.

Sie werden verstärkt durch den häufigen Wechsel der Lehrer

und das Fluktuieren durch fachspezifische Räume, durch das
Fehlen eines konstanten Sitzplatzes. Schülermassen auf den
Schulhöfen und das Kurssystem der Oberschulen sind mächtige Förderer einer Anonymität, die Verlassenheits- und Ein-
samkeitsgefühle der Schüler verstärkt.

Orientierung am Kind und Respektieren der Person als Ganzheit lassen sich so nur unzureichend verwirklichen. Nur die Lehrerinnen und Lehrer, die möglichst lange und intensiv (Klas-
senlehrerprinzip statt Fachlehrerüberhäufung) zumindest in
der Primarschule, besser noch über die Pubertätszeit hinweg,
die ihnen anvertrauten Kinder betreuen, werden dem einzelnen Schüler gerecht. Es ist wichtig, daß Schüler und Eltern den
Lehrer zumindest telefonisch auch nachmittags, abends, am
Wochenende erreichen können. Leider legen heute viele Lehrpersonen Wert darauf, weit fort vom Schulort zu wohnen. Meistens haben sie Gründe dafür, anonym zu leben. Überhaupt stehen im heutigen Schulsystem Interessen der Lehrpersonen häufig im Vordergrund. Ihr Stundenplan richtet sich dank des Ein-
satzes der Lehrergewerkschaften nach den persönlichen Belan-
gen der Lehrer. Da gibt es für „Teilzeitkräfte" an bestimmten
Wochentagen dienstfrei. Lehrer mit Kindern melden sich selbst
krank, wenn ihre eigenen Kinder unter gesundheitlichen Problemen leiden. Zu Personalratsversammlungen und Lehrer-
fortbildungsveranstaltungen wird von der Schulaufsichtsbehörde Sonderurlaub erteilt. Unterrichtsausfall und Vertre-
tungsunterricht für die Kinder sind gang und gäbe. Weil Lehrer zuviel mit sich selbst und ihren unzähligen eigenen Problemen beschäftigt sind, können sie den ihnen anvertrauten Schulkindern oft keine Bezugspersonen sein. Der Lehrerberuf ist
eben nicht nur ein „Halbtagsjob"! Lehrer sind heute oft nur
noch „Stundengeber", Dienst und Privatleben werden streng
getrennt: „Man hat ja schließlich ein Recht darauf." Die Anonymität wurde zur Tugend erhoben. In manchen Großschulen

kennen einige Lehrer sich nicht einmal mehr untereinander. Aber der Lehrerberuf ist nicht ein Beruf wie jeder andere, Lehrer sind keine „Sozialingenieure", wie der umstrittene Pädagogikprofessor Gamm sie in fortschrittlicher Manier bezeichnet. Der Lehrer steht infolge seiner unvergleichlich hohen Aufgabe und Verantwortung dem Arzt und dem Priester nahe. An ihn sind besonders hohe ethische Anforderungen zu stellen. Auch heute noch gilt, daß das Beispiel-Geben des Pädagogen für den erzieherischen Erfolg entscheidend ist.

Es ist ein Glück, daß sich immer noch viele Lehrerinnen und Lehrer trotz bürokratischer Hemmnisse nicht nur als Vertreter des Systems Schule verstehen, sondern tagtäglich in ihrer Erziehungsarbeit Beweise dafür liefern, daß sie für Eltern und Kinder „Freund und Helfer" sind. Immer noch gibt es Pädagogen, die viele Opfer auf sich nehmen, um ihren Erziehungsauftrag zu erfüllen. Sie lassen sich trotz erheblicher verwaltungsrechtlicher Erschwernisse beispielsweise nicht davon abhalten, mit ihrer Klasse auf Wanderung zu gehen, in die Jugendherbergen zu fahren, Sportveranstaltungen gemeinsam mit anderen Schulen durchzuführen oder mit den Schülern das Theater zu besuchen.

Spätestens seit den 70er Jahren lenkte aber die Vielfalt und Menge an Lerninhalten mehr und mehr ab vom erzieherischen Auftrag der Schule und leistete der Anonymität weiter Vorschub. Freilich: Ein Blick in neuere schulische Richtlinien deutet erfreulicherweise darauf hin, daß sich hier und da eine Hinwendung zum Erzieherischen und zum Kinde abzeichnet. Dem Emanzipationstrend vergangener Jahre steht zumindest andeutungsweise die Forderung nach der allseitigen Entfaltung der Personalität gegenüber. Dabei ist ein Nord-Süd-Gefälle nicht zu verkennen. Nordrhein-westfälische Richtlinien drücken unverändert aus, daß sie wenig am Kind orientiert sind und somit dem einzelnen Schüler auch wenig hilfreich sind:

„Unterricht und Erziehung sollen auf konkrete Lebensbewältigung unter den Bedingungen einer demokratisch-pluralen, wissenschaftsbestimmten Industrie- und Konsumgesellschaft vorbereiten und tragfähige Erfahrungen mit Selbstbestimmbarkeit bereitstellen." Dagegen stellt bereits die Präambel der bayerischen Richtlinien „die Orientierung am Kind" in den Mittelpunkt. Das Kind ist hier „in seiner Ganzheit als Person" zu sehen. Dem Fixieren in Richtung gesellschaftlicher Aufgabenstellungen steht das Sich-Öffnen und Entfalten personaler Anlagen als pädagogischer Auftrag gegenüber. Ein Gegenpol zur Anonymisierung, ein unübersehbarer Fortschritt, der hoffen läßt, daß sich Konsequenzen für die Krisenpunkte des heutigen Bildungssystems ergeben!

3. Überorganisation und Stoffüberhäufung

Die Neuorganisation der Schule, von den Verantwortlichen gerne „Strukturreform" genannt, bewirkte, daß die politische Einflußnahme der staatlichen Stellen auf den einzelnen Menschen verstärkt werden konnte; das Individuum wurde verplant.

Der Weg vom Schließen kleiner Schulen hin zum Errichten von Großverwaltungseinheiten mußte zur Überorganisation führen. Zwangsläufige Folge war die Vereinheitlichung der früher nach Schulform und Region unterschiedlich konzipierten Ausbildung im Lehrerberuf. Und bei diesem Gleichheitskonzept spielte die geistig-ideologische Zielrichtung mit dem Wunschgedanken an eine soziale Nivellierung der einzelnen Lehrämter eine nicht zu unterschätzende Rolle.

Mit der Konzentration der Schulen legitimierte sich eine weitere Sparte der Überorganisation. In den entstandenen Großkommunen übertrug man nicht alleine den Schulämtern die Kompetenzen. Vielmehr vermittelte man unzähligen zusätzli-

chen verwalteten und verwaltenden Abteilungen schulspezifi-
sche Aufgaben. So verwalten und organisieren heute die „Ämter" unsere Schulen. In die Schule hinein regieren Bauamt, So-
zialamt, Gesundheitsamt, Gartenamt, Verkehrsamt, Familien-
amt, Wohnungsamt, Selbstschutzamt, Feuerwehramt, Kultur-
amt, Museumsamt, Sportamt, Arbeitsamt u. a. Nicht selten
wirkt eine Stelle gegen die andere oder ohne Wissen der anderen.

Überall dort, wo man Schulleben durch Herrschaftsappara-
te unterdrückte, waren zwangsläufig Konflikte die Folge. Leh-
rerkonferenzen und Bauämter, Elternvertreter und Verkehrs-
ämter, einzelne Lehrer und Schulämter entdeckten ihre eigenen Interessen und gaben dabei vor, dem Kinde zuliebe zu handeln. In erster Linie ging es jedoch um Machtpositionen. Und
zur Durchsetzung institutioneller Autonomie mußte weiter or-
ganisiert werden. Die Lehrer organisierten sich in Gewerk-
schaften, die Schüler in überregionalen Landesschülerverbän-
den, und die Eltern taten es ebenso.

Das geordnete Zusammenleben in den konzentrierten Bil-
dungsanstalten katalogisierte man in „Rechts- und Verwal-
tungsvorschriften", in „Wahlordnungen" und „Rahmenge-
schäftsordnungen", in Gesetzestexten für Lehrer, Eltern und
Schüler. Es entstand ein bürokratisches Kauderwelsch, das in
bezug auf den sprachlichen Wirrwarr kaum zu überbieten ist.
Dazu ein Beispiel: Im § 18 der Verfahrensvorschriften für die
Beschlußfähigkeit der Mitwirkungsorgane in allen Schulformen
des Landes Nordrhein-Westfalen ist zu lesen: „Solange die Be-
schlußunfähigkeit nicht festgestellt ist, gilt das Mitwirkungsor-
gan als beschlußfähig." – Ein Für-dumm-Halten der Beteiligten oder ein stiller Aufruf zum Betrug?

Die Überorganisation im Schulwesen hat dazu geführt, daß
Technokraten überall mitreden und mitentscheiden. Pädagogen sind in ihren Entscheidungskompetenzen weitgehend ein-

geengt. Wichtige pädagogische Maßnahmen können oft wochen- oder monatelang nicht verwirklicht werden, weil beispielsweise bei der Belegung einer Turnhalle oder der Anlage eines Schulgartens vorher diverse Ämter und „Ausschüsse" gehört werden müssen. Pädagogische Schlüsselfragen müssen immer wieder Bürokraten und Berufsverbandsfunktionären, die meist gleichzeitig Parteifunktionäre sind, zur Beratung oder gar zur Entscheidung vorgelegt werden.

Immer und überall melden sich Stimmen und Gegenstimmen zu Wort. Schulkonferenz, Lehrerkonferenz, Fachkonferenz, Lehrerrat, Klassenkonferenz, Schulpflegschaft, Klassenpflegschaft, Jahrgangsstufenpflegschaft, Schülervertretung, Schulleiter, Schulträger, untere Schulaufsichtsbehörde, obere Schulaufsichtsbehörde – jedem seine Kompetenz, jedem „Verantwortlichen", der in Wirklichkeit so oft überhaupt keine Verantwortung trägt, weil er sich im Krisenfall auf die nächste Stelle berufen kann, und allein das Recht mitzureden, Ziel des Engagements ist.

Die Überorganisation lähmt die effektive Arbeit in der Schule. Sie nimmt Schülern, Lehrern und Eltern die Freude an ihrer Schule. Sie hat einen Berg von Paragraphen geschaffen, hinter dem sich die technokratischen Funktionsträger verstecken.

Nur wenn wir erreichen, daß allen am Schulleben Beteiligten – Schülern, Eltern und Lehrern – wieder mehr Spielraum für Selbständigkeit gegeben wird, und wenn mit der Überorganisation gleichzeitig die undurchsichtige Verrechtlichung aus der Schule verbannt wird, können wir wieder von „Schulleben" sprechen. Befragungsergebnisse drücken die Unlust vieler Kinder an der Schule von heute aus, und von den Erziehungsberechtigten verstehen nur noch die „Experten", die fast immer selbst zum Clan der Bildungstechnokraten gehören, die Schule ihrer Kinder.

Bei den groß angelegten Schwerpunktschulen denkt man

unwillkürlich an Johann Heinrich Pestalozzis Warnung vor der Gefahr der Gleichmacherei und der Ausschaltung des Individuums. Schon 1865 beschwor der große Schweizer Pädagoge: „Unser Geschlecht bildet sich wesentlich nur von Angesicht zu Angesicht, nur von Herz zu Herz menschlich. Es bildet sich wesentlich nur in engen, kleinen, sich allmählich in Anmut und Liebe, in Sicherheit und Treu ausdehnenden Kreisen also. Die Bildung zur Menschlichkeit, die Menschenbildung und alle ihre Mittel sind in ihrem Ursprung und in ihrem Wesen ewig die Sache des Individuums und solcher Einrichtungen, die sich eng und nahe an dasselbe, an sein Herz und an seinen Geist anschließen. Sie sind ewig nie die Sache der Menschenhaufen."

Dieses eindeutige Dokument der Absage an die Vermassung in vielen unserer Schulen haben die Bildungspolitiker unserer Zeit nicht zur Kenntnis genommen. Ignorant und selbstherrlich mißachteten Technokraten und Politiker das Wissen und die Erfahrung von Pädagogen.

Und auch ein Fachkundiger aus jüngster Zeit, der Verhaltensforscher Konrad Lorenz, wies auf den immensen Schaden und die Rigidität der Überorganisation beim Zusammenleben von Menschen hin. Er warnte in seinem Buch „Der Abbau des Menschlichen" vor der „entmenschenden Wirkung" der Menschenmassen.

Unternimmt unsere Schule heute überhaupt den Versuch, dem Menschen gerecht zu werden? Pestalozzi sollte mit seinen Begriffen „Kopf, Herz und Hand" wieder mehr ins Licht gesetzt werden, damit wir erkennen: Eine Schule voller Kopfarbeit ist einseitig. Sie vernachlässigt das mit allen Anlagen der menschlichen Natur ausgestattete Kind. Wir wissen heute scheinbar nicht mehr, daß „die Liebe der einzige Einfluß ist, dem das Herz des Kindes offensteht, lange bevor der Verstand dazu Stellung nehmen kann". Wüßten wir es, so würde schulische Erziehung anders aussehen; amtliche Richtlinien, schulische Lehrpläne, Lerninhalte würden Pestalozzis und Maria Montessoris kindgerechter Pädagogik besser folgen.

Da die Lehrpläne der letzten Jahrzehnte kindfremd konzipiert sind und sich vorwiegend nach dem Anspruchsdenken der Erwachsenen und nach politischer Opportunität richten, mußten diese Pläne überfüllt werden mit „Stoff". Es sind eben „Stoffpläne". Stoff ist Wissen. Stoff bedeutet Mitreden.

Aber wie sehen die Folgen aus? Das Kind machte nicht mit! Es folgte nicht dem hybriden Fortschrittsdenken der Erwachsenen. Es fühlte sich von der Arroganz neupädagogischer Kunstsprache erdrückt und vergewaltigt – das Leistungsniveau der Schule sank immer mehr ab.

Daß unsere Kinder noch nie so sehr unter Schulunlust, Verwahrlosung und Leistungsmüdigkeit zu leiden hatten, findet unter anderem auch hier seine Ursache: Die „Rahmenrichtlinien" wurden von sogenannten Bildungsstrategen, genannt Bildungsexperten, die sich oft politischen Parteien verpflichtet hatten, entworfen. Im Lehrplan fielen Anspruchsniveau, Interessenlage des Kindes und Bildungsgut diesem „strategischen" Denken zum Opfer. Man meinte, Masse sei gleichzusetzen mit Klasse, Quantität mit Qualität. Die Überforderung der Kinder, physisch und psychisch, einseitig abgesteckt auf gesellschaftliche Problemstellungen, war die Folge. Eine überaus große Flut von Information und Wissen strömt ohnehin bereits tagtäglich durch die Medien auf unsere Kinder ein. Zusätzliche Überfülle in der Schule erdrückt sie. Sie können sie nicht verarbeiten. Oft mit der Behauptung eines wissenschaftlichen Anspruchs und doch nur scheinbar wissenschaftlich abgesichert, wurde Neumodisches in den Lehrplan aufgenommen, ohne zu prüfen, was dem Kind zuzumuten ist, was überhaupt verdient, schulischer Lerninhalt zu werden. Die Bewährungsprobe an der Realität hatten jedenfalls viele der neuen Lehrinhalte nicht bestanden. Eine Stoffauswahl wurde kaum einmal getroffen. Es fehlt die Konzentration auf das Wesentliche.

4. Verunsicherte Lehrer und Unangemessenheit des Lehrstoffes

Wie sollen kopflastig und häufig sogar einseitig ideologisiert ausgebildete Jungpädagogen der modernen Schulsituation gewachsen sein? Unzureichend ausgebildete Lehrerinnen und Lehrer sind rasch überfordert mit den am grünen Tisch entwickelten Richtlinien. Unverantwortlich ist es, wenn ihnen nur oberflächlich oder überhaupt nicht verdeutlicht wird, daß es zeitüberdauernde Werte gibt, die im Grundgesetz und in den Länderverfassungen festgeschrieben sind. Eine rühmliche Ausnahme, einen Hoffnungsschimmer, bildet der Lehrplan für die Grundschule in Bayern. Demnach sind „Sinn- und Wertorientierung Grundlage und Ziel von Erziehung und Unterricht". Und auch die von der katholischen und evangelischen Kirche in Bayern zu den wichtigsten Aufgaben der Schule herausgegebenen Leitsätze sind richtungweisend: „Achtung vor dem einzigartigen Wert jedes einzelnen Kindes – Verantwortung für das Leben jeder Art – Einsatz für eine humane Welt – Offenheit für den Mitmenschen – Bereitschaft zur Versöhnung – Vertrauen in die Zukunft."

Nur Richtlinien und Lehrpläne, die sich nicht in der Stofffülle von einzelnen Unterrichtsfächern verirren, sondern die bleibenden Grundanliegen von Erziehung und Unterricht erfassen, werden dem Kind gerecht.

Nur wenige junge Pädagogen haben den Durchblick und den Mut, Lehrplankommissionsmitgliedern und Schulamtsdirektoren zum Trotz selbstentscheidend Schwerpunkte zu setzen und erziehungsspezifische Inhalte in den Vordergrund ihres Unterrichts zu stellen. Viele erkennen heute nicht mehr, daß die Schule neben Wissensvermittlung und Hinführung zu kritischem Denken eine weitere, für die Existenz des Individuums wesentlichere Aufgabe hat. Sie sehen nicht den Vorrang des Erzieherischen mit eindeutiger Wertorientierung am christlichen Menschenbild gemäß dem Auftrag des Grundgesetzes und der Länderverfassungen.

Trotz der Überflutung mit praktischen Hilfsmitteln, Schülerbüchern, Lehrerhandbüchern, Arbeitsmappen, Arbeitsblättern, Schulfunksendungen und Videobändern sowie mit vorgefertigten, ausgearbeiteten Stoffverteilungsplänen sind die Lehrpersonen von den Verantwortlichen in der Lehrerausbildung in wesentlichen Bereichen im Stich gelassen worden.

Und gerade deshalb ist es um so erstaunlicher und erfreulicher zugleich, daß immer noch Lehrerinnen und Lehrer, unabhängig von der veröffentlichten Meinung, die sich inzwischen im Diktat der political correction niederschlägt, frei von weltanschaulichen Modeströmungen, die rasch wechseln und widersprüchlich sind, zielstrebig ihren Weg gehen. Es ist oft ein schwerer Weg, der nicht selten zu Konflikten mit Behörden und Kollegen führt.

Richtlinien und Lehrpläne sind „Zeitzeichen", die eine nicht selten umstrittene pädagogische Haltung bekunden. Sie sind nicht Testament. Kein Stoffverteilungsplan hat zeitüberdauernde Gültigkeit. Der verantwortungsbewußte Lehrer muß gegebenenfalls eine kritische Distanz dazu wagen.

Ein Beispiel für fragwürdige, unangemessene Darbietung von Lehrstoff finden wir im Schulfach „Sexualerziehung", ein typisches Exempel für Verunsicherung auf allen Seiten. Eltern sind oft hilflos und ratlos bei diesem Thema. Viele Lehrer und Lehrerinnen fühlen sich überfordert, und zumindest jüngeren Schülern wird ein Lehrstoff übermittelt, der ihnen in Maß und Form unangemessen ist.

In unserer Gesellschaft hält man sehr viel von Planung, und

so mußte selbstverständlich die Sexualerziehung in die Stoffpläne einbezogen werden. Fächerübergreifend wird sie durchgeführt; der Unterricht ist ausgerichtet an „Feinlernzielen" und
„Groblernzielen", wie die Fachleute es nennen.

Nun ist bekannt, daß die individuelle Sexualerziehung in erster Linie zu dem natürlichen Erziehungsrecht der Eltern
gehört, ein verfassungsmäßig verbrieftes Grundrecht. Darüber
hinaus hat der Staat einen Bildungsauftrag. Nicht alle Eltern
wissen, daß die Lehrer verpflichtet sind, in der Sexualerziehung
die Wertvorstellungen und die religiösen Überzeugungen der
Erziehungsberechtigten zu beachten. Lehrer, die Unterricht in
diesem Bereich erteilen, haben eine gebotene Zurückhaltung
und Toleranz zu üben und jede Indoktrination über den El-
ternwillen hinweg zu vermeiden.

Wie sieht das in der Realität aus? Bis in unsere Tage hinein
wirken sich die verderblichen Thesen der Gesellschaftsverän-
derer der sechziger und siebziger Jahre aus, die einen engen
Zusammenhang zwischen „autoritärer" Gesellschaftsordnung
und dem Verbot sexueller Betätigung für Kinder und Jugendliche beschworen und deshalb die „Befreiung zur Sexualität"
propagierten.

Das folgende Beispiel aus dem Schulbuch „Drucksachen, Le-
sebuch für die 7. Klasse", zeigt, wie in dem so empfindlichen
Bereich der Sexualerziehung die Familie, in diesem Falle die
schwierige Position der Mutter, als falsch und destruktiv dar-
gestellt wird.

Nach dem Text hält die 15 Jahre alte Dolly M. ihre Mutter
nicht gerade für „supermodern". Sie ist viel „enger und strenger". Aber der Biolehrer ist da ganz anders, „der hat von einem
Mädchen erzählt, das mit dem Freund schlafen wollte, aber
Angst hatte, mit der Mutter wegen der Pille zu sprechen. Da
hat er sie zu Pro Familia geschickt, und die haben ihr die Pille
kostenlos gegeben und gesagt, das sei ihnen lieber, als wenn sie

nach zwei Monaten wegen 'ner Abtreibung käme. Der hat ihr echt geholfen, ehrlich. Zu ihrer Mutter kann sie ja dann immer noch gehen, falls sie zur Einsicht kommt. Manche Mütter sind da halt unheimlich stur. Oder verängstigt oder verklemmt, was weiß ich."

Soweit der Lesebuchtext, ein Text, der von Kultusbehörden genehmigt wurde, der in einem mit staatlichen Geldern mitfinanzierten Buche steht. Verführung Minderjähriger mit staatlicher Förderung, Kinder aufgehetzt gegen besorgte Eltern!

Sogar in Schulbüchern für den Religionsunterricht scheute man nicht davor zurück, Gift zu streuen. So ist der folgende Text im Buch „Exodus, Religionsbuch für das 4. Schuljahr" – ein Erfolgsbuch in der 6. Auflage – zu lesen:

„Wenn die Mama morgens schreit:
Aufstehn, Kinder, höchste Zeit!
– sagt ein richtig braves Kind:
Die spinnt!

Zähneputzen, frische Socken und
zum Frühstück Haferflocken,
Vaters Sprüche: Das macht
stark! – alles Quark!

Wer am Morgen ohne Schimpfen,
Fluchen, Stinken, Naserümpfen
etwa brav zur Schule geht –
der ist blöd.

Lärmen, prügeln, Türen knallen,
allen auf die Nerven fallen,
grunzen, quieken wie ein
Schwein – das ist fein!

Rülpsen, Spucken, Nasebohren,
Nägel kauen, schwarze Ohren,
schlimme Worte jede Masse –
Klasse!

Und wenn Papa abends droht:
Schluß mit Fernsehn, Abendbrot! –
schreit doch jedes Kind im Haus:
Raus!

Heute noch stehen derartige Schulbücher in vielen Schulen zur Ausleihe für unsere Kinder zur Verfügung. Eltern sind gewarnt und zugleich aufgefordert, Schulbuchtexte, welche die Familie und die christliche Moral zersetzen, aus den Schulen hinauszubefördern.

(Eine Sammlung weiterer Texte dieser Art in: Dieter Günter, „Sie entfremden unsere Kinder", EOS-Verlag, St. Ottilien/München; und in dem neuen Taschenbuch 1990, Ullstein-Verlag, Berlin.) Immer noch wird an unseren Schulen u. a. Unterricht in Sexualerziehung erteilt, der ehe- und familienfeindlich ist und somit eindeutig gegen den Artikel 6, Abs. 1, des Grundgesetzes verstößt. „Ehe und Familie stehen unter dem besonderen Schutze der staatlichen Ordnung."

Die Unsicherheit vieler junger Menschen bei den Fragen der Sexualethik ist groß. Die ältere Generation darf die Jugend dabei nicht im Stich lassen. Sie muß ihr in einer Haltung, die für neue Problemstellungen offen ist, die reiche Erfahrung eines gelebten Lebens vermitteln. Vor allem darf das Grundideal von Ehe und Familie dabei nicht aus dem Blickfeld geraten. Dazu bedarf es sowohl der inneren Wahrhaftigkeit des Lehrers als auch einer optimalen methodisch-didaktischen Ausbildung in Schule und Hochschule. Wo es um ethische Fragen geht, dürfen sich Lehrpersonen nicht verstecken. Sie müssen „Farbe bekennen".

Für die Sexualerziehung gilt, was für viele andere schulische Bereiche zutrifft: Der Unterricht ist oft unzureichend, geht am Kind vorbei und verunsichert es, weil die Lehrer prinzipielle Gesetze, Rechte und Pflichten nicht kennen, und, was besonders schwer wiegt, weil sie in der Kinder- und Jugendpsychologie unzureichend ausgebildet sind. Es ist ein Unding, daß ein Lehramtsstudent sein Studium „erfolgreich" abschließen kann, ohne beispielsweise jemals auch nur eine Lektion über die Stufen und Phasen der kindlichen Entwicklung mitbekommen und eine Vorstellung davon zu haben, was die Schulwirklichkeit mit einem hohen, fortgesetzt wachsenden Prozentsatz verhaltensgestörter Kinder für Forderungen an ihn stellt.

Verhaltensauffälligkeiten bei Schülern und Disziplinschwierigkeiten bei Lehrern gab es schon immer. Während man beim ersten Terminus die Ursachen hauptsächlich den Schülern zuschiebt, wird bei dem zweitgenannten Begriff die Perspektive des Lehrers eingenommen. Viele Gründe können vorliegen, wenn Schüler heute heftiger mit Verhaltensstörungen auf ihre Umwelt reagieren als früher. Diese Kinder begegnen uns nicht nur in „Sonderschulen für Erziehungshilfe", früher „Sonderschulen für Schwererziehbare" genannt. Sie sind in allen Schulen anzutreffen. Deshalb müssen heute Lehrer aller Schulformen befähigt sein, Verhaltensauffälligkeiten zunächst einmal symptomatisch zu registrieren, sie dann kausal zu erfassen und schließlich gezielt echte Lebenshilfe zu erteilen.

Von den vielfältigen Formen von Verhaltensstörungen fallen dem Lehrer besonders die trotzigen, geltungssüchtigen, eigensinnigen und wütend aggressiven Kinder auf. Manche Schüler stehen ständig in einer Abwehrhaltung, andere sind verträumt, arbeiten extrem langsam, sind überaus ängstlich und unstetig. Der Lehrer begegnet Schülern, die sowohl im Verhältnis zu den Kameraden als auch zu den Lehrpersonen kontaktgestört sind. Aber auch solche, die zur Bummelei neigen oder ein übermäßig verspieltes Wesen zeigen, bedürfen infolge ihrer andersgearteten Situation einer andersartigen, souverän verstehenden Reaktion des Lehrers.

Um dem gerecht werden zu können, muß der Lehrer Gründe für das auffällige Verhalten dieser Kinder erkennen. Vielleicht drückt der konzentrationsgestörte Schüler durch seine Überreaktion aus, daß er von einer Reizfülle (etwa Überfütterung mit Fernsehen oder Videofilmen) überfordert ist. Der „Klassenclown" will nicht vernachlässigt werden. Er möchte Beachtung finden, gerade weil er keine sinnvollen Leistungen erbringen kann. Für das aufsässige, renitente Kind bedeutet eventuell Anpassung ausliefernde Schwäche. Oder es proviziert, weil es geradezu die Grenzen sucht, die ihm vielleicht bei der Erziehung zu Hause unzureichend abverlangt werden. Der aggressive Schüler meint zuschlagen zu müssen, bevor die anderen schlagen, und der Lügner hat Angst vor Strafe durch Eltern und Lehrer.

Schließlich steht der Lehrer vor der wichtigen Aufgabe, in jedem Einzelfalle die richtigen pädagogischen Maßnahmen ergreifen zu müssen. So ist in allen Konfliktsituationen die Ablenkung durch unmittelbar einsetzende positive Betätigung eine bewährte Hilfe. Das Spiel, sportliche Übungen und vielfältige Formen musischer Beschäftigung vermögen oft, das seelische Gleichgewicht wiederherzustellen. In mißreißenden Lesestücken beispielsweise folgen Kinder meist Vorbildern und finden so für sich selbst befreiende Hilfe. – Es kommt also immer entscheidend auf die Persönlichkeit und das Wissen des Lehrers an.

Manche Lehrer haben z. B. nie etwas gehört von den Phasen des Längen- und Breitenwachstums oder von der Akzeleration. Vielen ist unbekannt, daß die psychische Entwicklung in der Pubertät bei Mädchen ganz anders verläuft als bei Jungen und daß der junge Mensch nach Abschluß dieser Entwicklungsphase leichter zugängig wird für die Welt der Werte; er fühlt sich „seelisch befreiter". Während der Jugendliche in der Pubertätszeit wenig Sinn für die Bindung an die Familie hat, wird er später, in der Zeit der Adoleszenz, offener. Er bejaht die Gemeinschaft im allgemeinen und kann im besten Fall auch der Familie wieder Positives abgewinnen.

Eine Lehrperson, der Wissen über die vielen Strukturmerkmale aus der Kinder- und Jugendpsychologie fehlt, ist für eine angemessene schulische Erziehung heute nicht qualifiziert.

Fehl am Lehrerplatz sind aber auch die alternativen Systemveränderer, die alles Herkömmliche, Überlieferte als lächerlich ansehen, wie auch die Unsicheren, die Ängstlichen, die mit sich selbst nicht im klaren sind.

Es mag dahingestellt sein, welche Art von Lehrern mehr Unheil anrichtet bei den Kindern. Ohne Zweifel bewirken die Anhänger der antiautoritären Bewegung (meist selbst Unerzogene), die ganz gezielt eine sehr frühe und überaus drastische Aufklärung fordern und damit die Liebesbeziehungen zu den familiären Bezugspersonen zu früh hintanstellen, irreparable Schäden bei den jungen Menschen.

Zusammenfassend kann man feststellen: Die Aufgabe der Schule besteht nicht nur darin zu informieren, Wissen zu vermitteln. Stoffpläne, deren Inhalte und Zielsetzungen nur aus Aufklärung, aus Wissensvermittlung bestehen, lassen wesentliche, lebensnotwendige Prinzipien der Erziehung unberücksichtigt. In der Sexualerziehung – dieses Gebiet wurde hier beispielhaft für andere Unterrichtsinhalte beleuchtet – ist das Wissen um die menschliche Sexualität der pädagogischen Intention beizuordnen, mehr noch, unterzuordnen. Immer muß es darum gehen, dem Kind, dem Jugendlichen, Lebenshilfe zu geben, ihm auf dem Wege zur personalen Entfaltung an der Seite zu stehen.

Vieles in den Richtlinien ist zu vordergründig, vieles ist ausschließlich „Juristendeutsch". Nur wenn Lehrer und Eltern ein Vertrauensverhältnis entwickeln, wenn sie den Kindern zuliebe die juristische Ebene überschreiten, ist der Erfolg gesichert.

Vorbildhaft stehen hier viele engagierte Elternvertreter, die sich mit der Schule ihrer Kinder identifizieren und um gute Kontakte mit den Lehrern bemüht sind. So manchen verzweifelt mit den Vorschriften, Erlassen und Organisationsformen Ringenden ist bewußt, daß die äußeren Veränderungen im Schulwesen wenig Gutes für die Kinder bewirkt haben. Nur mit Hilfe jener unbeirrbar zielstrebig arbeitenden Eltern und Lehrer sind die so notwendigen Verbesserungen im Inneren der Schule zu erreichen.

II.
Probleme der Zusammenarbeit
zwischen Eltern und Lehrern

1. Die Partnerschaft von Elternhaus und Schule als Verfassungsgebot

Die allgemeine Erklärung der Menschenrechte der Vereinten Nationen beschreibt das elterliche Sorgerecht für die Kinder: „In erster Linie haben die Eltern das Recht, die Art der ihren Kindern zuteil werdenden Bildung zu bestimmen." Sehr eindringlich weist auch Maria Montessori auf die große Verantwortung der Eltern hin. Demnach haben sie die Möglichkeit, sich zusammenzuschließen und einen Einfluß auf die Schule auszuüben.

Eltern und Lehrer sind in die Pflicht genommen. Sie müssen zusammenwirken. Nicht nur der gesunde Menschenverstand ruft dazu auf. Die Verfassungen der Bundesrepublik und der Länder schreiben es vor.

Im Grundgesetz für die Bundesrepublik Deutschland steht im Artikel 6, Absatz 2: „Pflege und Erziehung der Kinder sind das natürliche Recht der Eltern." Wir haben es zu tun mit einem unbestreitbaren Grundrecht, einem Menschenrecht, dessen Rangordnung gegenüber anderen Grundrechten besonders hervorgehoben wird.

Aber unsere Schule leidet heute darunter, daß dieses Grundrecht nicht in gemeinsamer Bemühung von Eltern und Lehrern zum Wohl der Kinder realisiert wird und daß die Erziehungspartner nicht immer mit Herzenswärme zusammenwirken. Es hat vielmehr eine Verrechtlichung der Schule eingesetzt, die immer wieder schulische Probleme ins juristische Feld verweist. Den Kindern hat das keinen Nutzen gebracht. Im besten Falle wurde erreicht, daß Schule bürokratisch funktioniert. Dabei hat die Verrechtlichung das „Betriebsklima" eher vereist.

Schulnöte, existentielle Sorgen der Kinder, der unverstandenen Hilflosen, sind die Folge. Dennoch ist das Wissen um die klare Rechtsgrundlage, die Festlegung von Pflichten und Rechten, sehr wichtig. Die Eltern haben infolge der „unlöslichen Bande, die sie mit dem Kind vereinen" (Montessori), eine überaus große Verantwortung. Zu den weitgehenden Elternrechten zählen: Das Recht der freien Wahl der Schule – das Recht auf hinreichende Information – Anhörungs-, Beratungs- und Anregungsrecht – Entscheidungsrecht. Detaillierte Informiertheit darüber ist Voraussetzung und Ausgangspunkt für ein gutes Zusammenwirken aller an der Erziehungsarbeit Beteiligten.

Oft haben Eltern und Lehrer aber Angst voreinander. Einer traut dem anderen nicht. Eltern halten die Lehrer ihrer Kinder für arrogant, selbstherrlich und ungerecht. Lehrer meinen, Eltern seien zu dumm und zu unwissend im Bereich pädagogischer Fachprobleme.

Wie kommen nun die Partner ins Gespräch miteinander? Wie begegnen sie sich auf einer Ebene, die den Kindern gerecht wird?

Wenn ein neues Schuljahr beginnt, fängt für viele Kinder der sogenannte Ernst des Lebens an. Sie werden eingeschult. Dabei ist manches auch heute noch so wie zu jener Zeit, als Vater und Mutter in die Schule kamen.

Dennoch ist das Lehrer-Eltern-Verhältnis anders geworden als in vergangenen Zeiten. Angestrebt wird heute ein Partnerschaftsverhältnis. Die Kontaktschwelle ist niedriger geworden. Ein Bemühen um Vertrauen zueinander ist sinnvoll, um günstigere Voraussetzungen für eine mögliche Zusammenarbeit zu schaffen, die einer gesunden Entwicklung der jungen Menschen dienlich ist. Eltern stehen der Schule ihrer Kinder heute oft engagiert und kritisch zugleich gegenüber.

Partnerschaftliches Zusammenwirken von Eltern und Lehrern kann man weder anordnen noch erzwingen. Es ergibt sich im Glücksfall aufgrund eines langen und schwierigen Dialogs. Beide Seiten sind daran beteiligt; immer wieder wird die Begegnung neu belastet und in Frage gestellt.

Vorurteile auf beiden Seiten gilt es abzubauen. Erwartungen, die unberechtigt sind, müssen korrigiert werden, und bei Konflikten wird den Partnern Kompromißbereitschaft abverlangt.

2. Störfaktoren für die erforderliche Zusammenarbeit

Aber es gibt neue Sorgen, neue Probleme: Heute treffen nicht selten anmaßende Eltern auf gleichgültige, zuweilen übertrieben selbstherrliche Lehrerinnen und Lehrer, die ihre exponierte, unkündbare Stellung im Beamtenverhältnis und ihre schulische Machtposition nutzen.

Besonders in den ersten Schuljahren empfinden manche Eltern, daß die Schule ihre Rechte beschneidet, daß die Schule ihnen die Kinder entfremdet. Auf der anderen Seite gibt es wiederum Erziehungsberechtigte, die meinen, die Schule würde sie selbst von einer Last befreien, nämlich von der Last, ihre Kinder zu erziehen. Ein sehr gefährlicher Standpunkt!

Sehr oft stellen Eltern in der heutigen Zeit der Mitwirkungs- und Gleichberechtigungswelle allzu hohe Erwartungen an die Schule und die einzelnen Lehrpersonen. Dabei verkennen sie leicht die Grenzen, die dem Pädagogen bei seinen erzieherischen Einwirkungsmöglichkeiten auf den Schüler gesetzt sind. Die Problematik um die pädagogische Freiheit des Lehrers und z. T. erdrückende staatliche Gesetze hemmen ein sinnvolles pädagogisches Zusammenwirken, das dem Kinde und Jugendlichen zugute kommen müßte.

Die verwaltete Schule und die ihr unterstehenden Lehrer erwarten mit großer Selbstverständlichkeit, daß alle Eltern kooperationswillig und -fähig sind. Mancher Lehrer bedauert, manchem ist es recht, daß nur ein geringer Teil der Elternschaft den Kontakt zur Schule und den fruchtbaren Dialog mit den Lehrern sucht.

Enttäuschungen auf beiden Seiten sind die Regel. Vorwürfe und Auseinandersetzungen bis hin zu den Gerichten schaden zuerst den Kindern. Lehrer resignieren, Eltern treten deprimiert den Rückzug an.

Auch in der Zukunft wird es gewiß Schwierigkeiten bei der Zusammenarbeit zwischen Eltern und Lehrern geben. So unbequem das für Lehrer ist – sie müssen akzeptieren, daß es das Recht und die Aufgabe von Eltern ist, sich für die Schule ihrer Kinder zu interessieren. Wenn sie es auch zweifellos mit dem Verwaltungsapparat Schule schwer haben, so müssen sie dennoch ihren Kindern zuliebe wach sein und Anteil nehmen. Wenn sich Eltern und Lehrer mühen, ihre Kompetenzen nicht zu überschreiten und mit Humor die gegenseitige Angst voreinander respektieren, kann die Zusammenarbeit sehr gedeihlich sein – zum Wohl der Kinder. Das ist häufig noch unzureichend realisiert.

Den Ablauf mancher Elternabende kann man immer noch folgendermaßen skizzieren: Am Pult sitzt der Lehrer. Er gibt Informationen und kommt auf Probleme zu sprechen. Dabei redet er viel, zuviel. Alles geht ihm leicht von der Hand, so wie er es im Unterricht mit seinen Schülern und Schülerinnen gewohnt ist. Fremdwörter und Fachausdrücke untermauern gegenüber den Eltern seine Machtposition. Die Erziehungsberechtigten sind eingeschüchtert, verunsichert, stumm. Erst wenn sie ganz unter sich sind, trauen sie sich, nach Abschluß des Elternabends das Ventil zu öffnen und dem so entstandenen Unmut freien Lauf zu lassen. Ergebnis: Das Verhältnis zwischen den Partnern bleibt distanziert. Wo liegen im einzelnen die Gründe dafür?

Sehr viele Einflüsse prägen das Verhalten der Eltern gegenüber den Lehrern. Eine große Rolle spielen etwa die berufliche Position, die wohnliche Umgebung, Familiengröße und Freizeitgewohnheiten, die politische und religiös-weltanschauliche Einstellung und die eigenen Schul-Erinnerungen und -Erfahrungen. Vor diesem Hintergrund entfalten sich die Einstellungen der Eltern zur Schule ihrer Kinder. Sie bringen ihre alte Angst mit. Manche sind auf dem Boden von bereits mit dem einzelnen Lehrer gemachten Erfahrungen skeptisch und nicht selten aus den vielfältigsten Gründen aggressiv. Manche Eltern sind der Lehrperson sprachlich nicht gewachsen und befürchten bei Kritik an der Schule oder am Unterricht des Lehrers mit Recht, daß es ihrem Kind „heimgezahlt" wird.

Und auch der Lehrer, die Lehrerin, befinden sich heute mehr als je zuvor in einem großen Spannungsfeld, was das Verhalten den Eltern gegenüber betrifft. Die Lehrperson kann damit rechnen, daß die Richtigkeit ihres methodisch-didaktischen Konzeptes, ihr Erziehungsstil und ihr privat-persönliches Verhalten auf jeden Fall, zu Recht oder zu Unrecht, angezweifelt werden. Der „mündige Bürger" ist dazu vor allem auch durch die Medien vorbeeinflußt worden.

Nur selten hat sich der Lehrer darüber Klarheit erworben, daß seine pädagogische Arbeit und seine Erziehungs- und Lernziele hinterfragt werden dürfen, daß Eltern berechtigt und verpflichtet sind, die Arbeit der Lehrer zu überprüfen und eventuell auf Korrekturen zu bestehen. Er fürchtet mit einem gewissen Recht, daß er sein Gesicht verlieren und seine Wirksamkeit einbüßen könnte. Aus Furcht kehrt er dann gerne ein besserwisserisches, autoritatives Gebaren den Eltern gegenüber heraus. Dabei kommt ihm zugute, daß nicht wenige Eltern ihn als „Autorität", die in Sachen Bildung und Erziehung fachkundig ist, bedingungslos anerkennen. Und wenn es bei der Zusammenarbeit Schwierigkeiten gibt, schiebt er dann gern Richtlinien und Gesetze vor und reduziert die Kooperation auf die behördlich vorgeschriebenen Kontakte.

Tagtäglich wirkt es sich negativ aus, daß die Lehrer im allgemeinen weder während ihrer Ausbildung an der Universität noch im folgenden Studienseminar auf den Umgang mit Eltern vorbereitet werden. Besonders schlimme Folgen zeichnen sich ab, wenn eine angeborene Kontaktarmut zu diesem Ausbildungsdefizit hinzukommt.

3. Ein Beispiel: Das „Aus" für die Lernschule

Bisher konnten Eltern erwarten – und sie setzten ihr volles Vertrauen darein –, daß ihre Kinder in der Schule grundlegende Techniken erlernten: Lesen – Schreiben – Rechnen, musisches Kulturgut sowie besondere Verhaltensweisen für die zwischenmenschlichen Beziehungen. Das hat sich geändert. Die Schule hat heute ihre Funktion als Lernhilfe weitgehend an das Elternhaus abgegeben.

Alle wissen es, aber niemand traut sich, den Finger auf die Wunde zu legen. Die Schule bietet zwar die Grundlagen für das Lesen, Schreiben und Rechnen, aber das Elternhaus hat dies aufzugreifen und zu vertiefen: Die Eltern sind die selbstverständlichen Nachhilfelehrer! Statt daß das Üben Sache des Unterrichts ist, betätigen sich Lehrerinnen und Lehrer im Einklang mit den Stoffplänen zunehmend mehr „innovationsfreudig". Stunden- und wochenlange Unterrichtsdiskussionen über die gravierenden Zeitprobleme und die weltweiten politischen Auseinandersetzungen drängen sich in den Vordergrund.

Die Schule hat sich allzu sehr nur das Anfangsstadium des Lernprozesses in den Fundamentaltechniken zur Aufgabe gemacht. Sie gibt erste Anregungen und verweist im Anschluß an das Lehren die Lerntechnik in den Aufgabenbereich der Eltern. Mit dem Kind zu lernen, das Gelehrte zu sichern, stellt man in die Pflicht der Familie. Und da ist in erster Linie einmal mehr die Mutter gefordert. Ältere Geschwister – falls bei den heutzutage kinderarmen Familien noch vorhanden – und der Vater haben nachzuziehen.

Das ist eine Situation, die dringend der Veränderung bedarf; denn gerade die sozial schwach gestellten Familien, für die alle politisch Verantwortlichen angeblich das beste wollen, trifft es besonders hart. Zum einen sind diese Mütter und Väter als Nachhilfelehrer oft überfordert, zum anderen fehlt manchen die Zeit zum „Aufpolieren" der schulischen Lehrinhalte, weil beide Elternteile berufstätig sind. Die Schulreform, die unter der Devise von Chancengleichheit und Gleichberechtigung antrat, ist ungerechter geworden, als es die alte Lernschule war!

Das Lernen ist zwecks Entlastung des Lehrers, aber zu Lasten der Mütter, aus der Schule weitgehend verbannt worden. Älteren Pädagogen mit Erfahrung ist es bekannt: Zur Schule gehört nicht nur der Lehrervortrag, das Lehren, das Gespräch, das Diskutieren. Wir lernen für das Leben, und deshalb muß alles Gelehrte, alles im modernen Unterricht durch Empirie und Erfahrung Erworbene, geübt, gesichert, wiederholt und eingeprägt werden. Es muß im späteren Leben verfügbar sein.

Dazu fehlt Lehrern und Schülern die Zeit, und oft auch die geduldige Bereitschaft zur wiederholenden Ausdauer. Es fehlt in den Kultusministerien darüber hinaus der Mut, die Lehrstoffe radikal zu beschränken, damit Zeit bleibt für die nicht minder wichtigen Aufgaben der Verarbeitung und Anwendung.

Unsere Kinder ermüden im Unterricht unter der Last des Lehrens und Dozierens und des Sich-Beschäftigens mit der

Fülle der Weltprobleme, der Umwelt, des engeren Lebensraumes. Die Zeit zur Besinnung, zum Sich-Einprägen, zum Sich-Bewußtmachen, die für eine gesunde psychische Entwicklung erforderlich ist, wird den Hilflosen, den suchenden Kindern, von Technokraten, die heute angeblich Schule „gestalten", entzogen.

Man versucht Prozesse, die den Geist ansprechen und eine präzise Denktüchtigkeit anregen, abzulösen durch simple Unterhaltungstechniken. Man nutzt die Medien, schaut Fernsehen und Filme, erhebt Einsprüche, läßt seiner Neigung, oft rational unkontrolliert, freien Lauf, ohne zur Analyse des Aufgenommenen vorzudringen.

Die Schule von heute versagt also bei der analytischen Denkmethode. Sie ist dem holperigen, geschwätzigen, schnellebigen Zeitgeist zum Opfer gefallen.

Das Problem der Schularbeitenbeaufsichtigung und der Festigung des Lehrstoffes meinen Lehrer und Eltern zuweilen durch die Ganztagsschule lösen zu können. Sie wissen nicht oder wollen nicht wahrhaben, daß sie damit neue gravierende Probleme hervorrufen. Für Familien, in denen nicht beide Elternteile ganztägig berufstätig sind, ist der Weg zur Ganztagsschule ein weiterer Schritt der Entfremdung vom Elternhaus. Doppelt wichtig ist es deshalb beim Diskutieren um diese Probleme, der Öffentlichkeit zu verdeutlichen, wie wertvoll eine Erziehung in der Familie mit viel Zeit für die Kinder heute einerseits immer noch ist, und wie nötig es andererseits ist, daß das Hauptgewicht des Lernens wieder eine Sache des Unterrichts am Morgen wird.

Oft erteilen Lehrer für alle Schülerinnen und Schüler einer Klasse die gleichen Hausaufgaben. Obwohl die meisten die Möglichkeit der „Differenzierung", des individuellen Ansprechens eines jeden Schülers genau kennen, unterfordern sie ständig die begabteren und überfordern die leistungsschwachen

Kinder. Es bedeutet zwar einen größeren Arbeitsaufwand für den Lehrer, wenn er die Anforderungen in der Schule und auch die Hausaufgaben dem unterschiedlichen Leistungsvermögen seiner Schüler anpaßt, und auch der Zeitaufwand ist erheblich bei der Überprüfung und Besprechung des zu Hause Erarbeiteten; aber die Bemühung um Differenzierung im Dienst am Kind ist ein lohnendes Unterfangen!

Zusammenfassend ist festzustellen: Der Spruch „Nicht für die Schule, sondern für das Leben lernen wir", bedeutet u. a., daß neben den Fertigkeiten in den Fachtechniken (Lesen, Schreiben, Rechnen, Welt- und Umweltkunde) gleichzeitig menschliche Verhaltensweisen gelehrt, eingeübt und gefestigt werden müssen. Besonders in dieser Hinsicht haben Politiker und Bildungsplaner die Lehrer, Eltern und Kinder im Stich gelassen.

Mit der Abkehr von der „Lernschule" ist ein Verlust des Erzieherischen einhergegangen. Als Hauptstörfaktor gilt dabei neben den allgemeinen Erscheinungen des Zeitgeistes die Stoffüberhäufung in den Lehrplänen, die sich mit vagen Zielsetzungen begnügen und eine konkrete Richtungsweisung als Hilfe für den Lehrer vermissen lassen. Gewiß helfen theoretische moralische Belehrungen nicht weiter. Vielmehr trägt ein erzieherischer Unterricht nur dort Früchte, wo der Lehrer dem Schüler mit „pädagogischem Takt" begegnet. Immer und überall stellt sich die entscheidende Frage nach der verantwortungsbewußten, inneren Beteiligung der Bezugsperson, d. h. nach dem Vorbild des Lehrers.

Christa Meves

Bessere Schule ist möglich

Ich bin davon überzeugt: Wenn es für uns Deutsche eine Zukunft gibt, das heißt, wenn wir es in den kommenden Jahren zu einer realistischen Veränderung auf dem Feld der Bildungs-, Familien- und Innenpolitik bringen, wenn es unter solchen Voraussetzungen bei unseren Enkeln und Urenkeln noch so etwas wie Geschichtsschreibung geben sollte, dann wird ein erschrecktes Kopfschütteln einsetzen über den pädagogischen Nonsens, der in den Reformbestrebungen des Schulwesens der siebziger Jahre betrieben wurde.

Denn die Veränderungen, die in den siebziger Jahren im schulischen Bereich vorgenommen wurden, erwuchsen nicht auf dem Boden von Praxiserfahrung und realistischem Sachverstand, sondern sie waren zum großen Teil praktizierte Gleichheitsideologie – von romantischen Hirnen utopischer Theoretiker erdacht und in die Tat umgesetzt, kaum daß sie ersonnen waren.

Wir haben aufgezeigt: Die meisten der verändernden Maßnahmen hatten nichts mit pädagogischem Wissen, nichts mit Verantwortung für die Kinder und nichts mit wirklichkeitsgerechter Reaktion auf eine veränderte Kinderpopulation zu tun. Massenschule, Einheitsschule, entpersönlichte und Gemeinschaft zerschlagende Schule wäre für Kinder aller Zeiten, war aber besonders für die Kinder des ausgehenden 20. Jahrhunderts eine unmenschliche, leistungszerstörerische und infolgedessen eine die junge Generation betrügende und beschädigende Bildungseinrichtung.

Moderne, echt fortschrittliche Schule müßte infolgedessen so rasch wie möglich alles das wieder beseitigen, was einer unrealistischen Gleichheitsideologie entsprang, die den Kindern nicht gerecht wird. Sie sollte folgende Maßnahmen in den Mittelpunkt stellen:

• Die Großschule für Grundschüler sollte verschwinden. Die Schüler sollten, soweit je eine Klasse mit mindestens zehn

Schülern in den Dörfern und Flecken zusammenkommt, wieder mehr vor der Haustür beschult werden. Weite Schulwege, der Lärm der Schulbusse mindern die Kraft der Kinder.

- Grundschüler sollten am besten durch alle vier Schuljahre hindurch den gleichen Klassenlehrer haben, der die Kinder kontinuierlich betreut. Konstanz ist für Kinder der modernen Industriegesellschaft besonders wichtig, weil sie durch die Flexibilität der Lebensweise ihrer Eltern darin meist ein Defizit haben. Fehlende Konstanz hat häufig motorische Unruhe und Mangel an Konzentrationsfähigkeit zur Folge.

- Besonders beachtet werden sollte in der modernen Grundschule, daß Kinder jahrgangsweise im gleichen Klassenraum unterrichtet werden und jedes Kind dort seinen eigenen ständigen Sitzplatz hat. Das fördert die Sicherheitsgefühle der Kinder und ist eine notwendige Voraussetzung zur Lernbereitschaft.

- Die Erst- und Zweitklässler sollten in kleinen, kindgemäßen Lernschritten das Lesen, Schreiben und Rechnen lernen. Dabei sollte vielmehr im Klassenverband geübt werden. Lernkontrollen sollten vornehmlich eine Kontrolle für den Lehrer sein, um sein Arbeitstempo dem der Schüler anzupassen. Der nächste Lernschritt sollte erst folgen, wenn die Mehrzahl der Schüler das Pensum bewältigt hat. Die Fertigkeiten sollten grundsätzlich durch Üben und Wiederholen während des Unterrichts in der Schule erzielt werden. Schularbeiten sollten in den ersten vier Jahren auf ein Minimum beschränkt werden, um allen Kindern wirklich gerecht zu werden.

- In der Grundschule sollte es pro Woche 5 Stunden Sport geben, 2 Stunden Singen, 2 Stunden Zeichnen und 2 Stunden Religion. Sexualkunde ist in dieser Altersstufe ebenso überflüssig wie Sozialkunde. Mit Maßnahmen dieser Art sollte die den Grundschulkindern unangemessene Verwissenschaftlichung der Grundschule rückgängig gemacht werden. Sie ist Kindern dieser Altersstufe nicht zuzumuten. Gerade die schwächeren und ängstlicheren Kinder können theoretischen Belehrungen nicht hinreichend genug folgen. Die Startjahre sollten der Mehrheit der Kinder Erfolgserlebnisse vermitteln, um der gefährlichen leistungsmindernden Resignation vorzubeugen.

Ausrichtung an der Begabung

Die ideologische Tendenz, möglichst allen Kindern den gleichen Bildungsgang zuzumuten – und zwar den, der eigentlich nur wenigen theoretisch begabten Kindern entspricht –, hat zu einer Minderung des Leistungsniveaus und zu vielerlei Fehlerwartungen und Mißerfolgen geführt. In der Wirklichkeit sind die Kinder außerordentlich unterschiedlich begabt; es gibt verschiedene Begabungstypen und verschiedene Intelligenztypen. Die Gleichheitsschule bevorzugte aber nur einen einzigen Begabungstyp, den des abstrakt begabten Theoretikers, und belegte ihn mit einer übertriebenen Wertigkeit.

Der Abiturient und der Absolvent einer Universität erfuhren ungerechterweise eine höhere Achtung. Diese Fehlentwicklung bedarf dringend der Korrektur. Wir schlagen folgendes vor:

* Grundschule sollte sechs Jahre dauern. Nur die Kinder mit einer besonders hohen abstrakt-logischen Begabung sowie einem überdurchschnittlichen Gedächtnis sollten bereits nach vier Grundschuljahren auf die so zu benennende „Gelehrtenschule" überführt werden, wo mit den alten Sprachen und einem anspruchsvollen Unterricht in Naturwissenschaften begonnen wird. Sie sollte neun Jahre dauern und mit dem Abitur abschließen.
* Die Hauptmenge der Grundschüler sollte nach sechs Schul-

jahren auf dem Boden einer Entscheidung, die durch Lehrerurteil und Elternwunsch getroffen wird, in drei verschiedene Schulen eingewiesen werden: die Schule für Praktiker, die schule für Kreative und die Schule für Theoretiker. Die Schule für die ersten beiden Begabungstypen sollte noch je vier Jahre, die für Theoretiker sechs Jahre betragen. In der Schule für Praktiker sollte auf die Praxis besonders viel Wert gelegt werden. In den letzten beiden Schuljahren sollte es berufsvorbereitende Praktika in Betrieben geben. Diese Schule sollte Ganztagsschule sein. Eine gründliche Kenntnis der Kulturtechniken und viel praxisbezogene Kurse am Nachmittag: Schreibmaschine, Handarbeiten, Kochen, Schneidern, Buchführung etc. sollten Schwerpunkte der Schule sein. Die Schule sollte leistungsorientiert sein und wenig Freizeit lassen (diese Maßnahmen sollen verhindern, daß Kinder, deren Eltern beide ganztägig berufstätig sind, Schlüsselkinder werden und sich in der Freizeit negativ orientieren). Auch hier sollte das Klassenlehrersystem vorrangig bleiben. Die Lehrer müssen für diese Schule fächerübergreifend ausgebildet sein. Eine Klasse sollte auch hier konstant von den gleichen Personen betreut werden. Der Stundenplan sollte so erstellt werden, daß nicht mehr als vier Fachlehrer einer Klasse zugeteilt sind.

Statt Theorie mehr Kreativität und Praxis

Die Schule für Kreative sollte außer den Grundfächern vor allem musische Ausbildung betreiben, und zwar unter Ablehnung aller übertriebenen Ausweitung der Theorie. Es sollte hauptsächlich musiziert und nicht nur über Musik geredet, es sollte hauptsächlich gemalt und nicht nur über Kunst diskutiert, es sollte gedichtet, getöpfert und geschnitzt werden – mehr, als daß die Theorie das Tun und Einüben verdrängen könnte. Der Abschluß mit der 10. Klasse sollte die Voraussetzung zum Besuch von Kunst-, Musik- und sonstigen musischen Fachhochschulen sein.

• Die Schule der Theoretiker sollte den heutigen Oberschulen entsprechen mit dem Ziel, nach dem Abitur eine Fachhochschule zu besuchen, die zu den jetzigen sogenannten akademischen Berufen ausbildet. Diese Maßnahme soll verhindern, daß die Universität durch Vermassung ebenso ineffektiv wie für die jungen Menschen frustrierend wird. Daß so viele Studenten heute gestört und verstört Psychotherapeuten aufsuchen und manche sich gar das Leben nehmen, liegt u. a. oft auch daran, daß man ihren Begabungen nicht in angemessener Weise gerecht wurde, so daß heute 20 Prozent der Studenten unserer Universitäten über 30 Jahre alt sind!

• Das Universitätsstudium hingegen sollte allein den Absolventen der Gelehrtenschule vorbehalten sein und den Nachwuchs an Forschern, Gelehrten und Hochschullehrern erbringen. Bei einer solchen Änderung unseres Systems würden bald wieder mehr deutsche Gelehrte zu Nobelpreisträgern werden können. Spätentwickler sollten freilich unter besonderer Lehrerbefürwortung und speziellen Nachholverfahren von einer Schulform in die andere überwechseln können.

• In beiden zum Abitur führenden Schulformen sollte das Klassensystem beibehalten werden. Das Kurssystem, das zur Anonymisierung führt, das zur Unkontrollierbarkeit, Vereinsamung und damit zur Schulmüdigkeit verführt, sollte so rasch wie möglich wieder abgeschafft werden.

• Die Pädagogik im Jugendalter darf darüber hinaus nicht länger darauf verzichten, den Jugendlichen eine geistige Standortbestimmung und Hinweise auf ein konkretes Wertsystem zu ihrer Sinnfindung zu vermitteln, die es ihnen ermöglicht, eine positive Einstellung zum Leben zu gewinnen. Sie muß auch eine Erziehung der Erzieher im Programm haben, die die künftigen Eltern befähigt, besonders den Kleinkindern die wichtigsten natürlichen Grundbedürfnisse zu erfüllen, was heute nicht mehr geschieht, so daß die derzeitige katastrophale Neurotisierung der jungen Generation passieren konnte. Die Pädagogik muß den Jugendlichen die Dringlichkeit ihrer überpersonalen Verantwortung für die Zukunft deutlich machen, die diese Jugend braucht, um der modischen Resignation zu entgehen; denn wer dringlich gebraucht wird, bringt sich so leicht nicht um.

Vorbilder dürfen nicht mehr denunziert werden

Ein solches Programm kann nur Realität werden, wenn offensiv auf dem Feld des Geistes in der Schule ein ganz bewußtes Reformprogramm in Gang gesetzt wird, das die Diskriminierung von Vorbildern (das sei „hierarchisch" oder „totalitär") mit Entschiedenheit zurückweist. Diesen Trend müßten wir als Selbstmordpädagogik entlarven und den Jugendlichen konkrete Wege in eine klar orientierende Humanität anweisen, eine plausible Real-Ethik also, die die Jugendlichen im Grunde wollen, nach der sie fragen. Beim täglichen Umgang mit Jugendlichen kann ich beobachten, daß Sinnsuche und Sinnfindung auf die Dauer nicht verdrängbar sind, daß jeder noch einigermaßen seelisch gesunde Jugendliche nach dem Sinn seines persönlichen Lebens verbal oder nonverbal fragt, daß er sich nicht mehr mit einem Scheinmaterialismus abspeisen lassen will, weil er längst erfahren hat, daß er sein Glück darin nicht findet.

• Die Stunde ist da, in der es möglich wird, diesen Jugendlichen plausibel und konkret von der Lebenshilfe Religion zu erzählen und ihnen deutlich zu machen, daß es auch für die eigene Zukunft nötig ist, das Leben auf die Basis eines Auftragsbewußtseins zu stellen, einer Verantwortung vor Gott, auf der alle Ethik, alle Lebenskraft und damit selbst schulische Leistungsfähigkeit basiert.

• Zu diesem Ziel brauchen wir Geschichtsbücher, die sachlich wahrheitsgemäß orientieren, die nicht nur einseitig die rechten Diktaturen, sondern auch die linken Diktaturen realistisch in all ihrer Brutalität darstellen, um gegen sie gewappnet zu werden. Wir brauchen ein Durchforsten der Religionsbücher, damit die junge Generation lernt, sich nach christlichen Wertmaßstäben auszurichten. Schulbücher mit ideologischer Tendenz, ganz besonders, wenn sie von einem indoktrinierenden Geist beseelt sind, sollten so rasch wie möglich aus dem Verkehr gezogen werden.

• Lehrer und Schulbücher haben verfassungstreu zu sein. Der „Marsch durch die Institutionen", dessen Initiatoren es sich seit 1968 vorgenommen hatten, unsere Kinder zum Elternhaß und zur Familienfeindlichkeit zu bringen und sie zu aggressiven Widerständlern gegen unsere Verfassung und die bürgerliche Lebensform zu machen, hat genug Unglück und Leid über die Familien gebracht und ungezählte junge Menschen zur Selbstzerstörung geführt. Diesen Gefahren sollte durch verantwortungsbewußte Wächter in den Kultusministerien mit kompetenter Kritikfähigkeit entgegengewirkt werden.

Schlußgedanken

Das Fazit unserer Erfahrung und unserer Überlegungen heißt:
Arbeitsfähigkeit ist keine statische Größe; denn glücklicherweise sind wir Menschen keine Roboter, auf deren Knöpfe man
drücken kann, und ein Höchstmaß fehlerfreier Leistung quillt
aus dem Gehäuse. Immer noch ist unsere Leistungsfähigkeit
abhängig davon, ob die Situation um uns und in uns so wenig
aufdringlich ist, daß eine Ausgangslage für den Arbeitsprozeß
vorhanden ist. Wir können nicht erwarten, daß ein Kind oder
ein Jugendlicher etwas leisten kann, wenn er sich von den hef-
tigsten Schwierigkeiten umstellt fühlt, die er selbst oft nicht klar
sieht oder über denen er ratlos brütet, ohne Hilfe bei den Erwachsenen zu suchen und zu finden.

Wir machen es uns als Erzieher zu leicht, wenn wir nur auf
das Leistungsversagen reagieren, ohne nach den Motiven zu
fragen. Mit Strafen und mit Zorn, mit Schelten und Erniedri-
gungen pflegen solche Störungen nicht beseitigt zu werden.
Wir müssen versuchen, die Gründe des Versagens zu verstehen
und das Wesen der Störungen an ihren Wurzeln zu packen. Erst
wenn wir uns in dieser Weise echt kümmern, wenn wir beobachten, wenn wir selbst uns zuwenden und zur konstruktiven
Veränderung bereit sind, wird es uns vergönnt sein, unsere Jugend gesunden zu sehen, indem sich Arbeitslust und Arbeitsfähigkeit einstellen.

Eltern und Erziehern bleibt heute – wesentlich mehr denn je
zuvor – die sorgsame Pflicht, für ihre Kinder beides zu tun: zur
Erfüllung der täglichen Arbeit und zu fröhlicher, freier Le-
bensgestaltung anzuleiten und anzuregen. Das wird uns aber

nur gelingen, wenn wir uns um sie kümmern, sie zum konstruktiven Gestalten anregen und ihnen ein geordnetes und geliebtes Vorbild sind.

Zum Schluß möchte ich noch einmal die drei großen Entwicklungsabschnitte herausheben, die verschiedene Aufgaben zu erfüllen haben und die uns deshalb als Erzieher vor verschiedenartige Anforderungen stellen:

a) In der frühen Kindheit müssen wir den Kindern zu einer gesunden Antriebsentwicklung verhelfen: die primitiven, lebensnotwendigen Bedürfnisse nach Sättigung, Geborgenheit, Zuwendung, Bewegung, Besitz und Anerkennung müssen befriedigt werden und dadurch für den Aufbau einer höheren Entwicklung tragfähig machen.

b) Im Grundschulalter muß das Üben, Lernen, Arbeiten als Grundhaltung erlernt werden – müssen der Verstand und die Realitätskontrolle gefördert werden, damit sich aufgrund dieser Haltungen eine vertiefte Selbständigkeit ausbilden kann. Diese kann nur erreicht werden durch die echte Begegnung mit geistigen Werten, durch die Vorbilder und Leitbilder der Erzieherpersönlichkeiten hindurch.

c) Hier erst kann, wenn das Entwicklungsfundament gesund ist, die Erziehung des Menschen als eines Geistwesens zur Geistträgerschaft sich vollziehen. Hier erst rechtfertigt sich unser Bemühen um die frühkindliche Triebentfaltung, denn: erst „in diese geistige Wertstrebigkeit geht die seelische Triebhaftigkeit, gehen die Triebe ein als speisende Energie". Daß wir geistige Werte *leben* in gewissenhafter Verantwortlichkeit, ist damit der Kardinalpunkt aller Pädagogik und aller Psychologie.

Christa Meves

geboren 1925. Studium der Germanistik, Geographie und Philosophie an den Universitäten Breslau und Kiel. Staatsexamen in Hamburg, dort zusätzliches Studium der Psychologie. Fachausbildung im Psychotherapeutischen Institut in Hannover und Göttingen. Freipraktizierende Kinder- und Jugendlichenpsychotherapeutin in Uelzen, Arztfrau und Mutter zweier Töchter, sechs Enkel.

Verliehene Auszeichnungen:

1974 Wilhelm-Bölsche-Medaille
1976 Prix Amade
1977 Goldmedaille des Herder-Verlags
1978 Niedersächsischer Verdienstorden
1979 Konrad-Adenauer-Preis der Deutschlandstiftung
1982 Sonnenscheinmedaille der Aktion Sorgenkind
1984 Medal of Merit

1985 Bundesverdienstkreuz erster Klasse
1995 Preis der Stiftung Abendländische Besinnung
1996 Preis für Wissenschaftliche Publizistik

80 Buchpublikationen, Übersetzungen in 11 Sprachen. Gesamtauflage in deutscher Sprache über vier Millionen Exemplare

Dr. Dieter Günter

Autor zeitkritischer philosophischer Buch- und Presseveröffentlichungen. Langjährige Berufserfahrung als Pädagoge mit Lehramtsprüfungen für verschiedene Schulformen, als Direktor einer Sonderschule für Lernbehinderte und als wissenschaftlicher Mitarbeiter an der Pädagogischen Fakultät der Rheinisch-Westfälischen Technischen Hochschule Aachen. Publizist bei bekannten Tages- und Fachzeitschriften.